アメリカはなぜ安倍晋三を賞賛したのか

産経新聞ワシントン駐在客員特派員
古森義久

産經新聞出版

はじめに

安倍首相はいまなお健在

アメリカの首都ワシントンで記者としての取材活動を続けていると、安倍晋三氏がまだ健在であるような錯覚に襲われることがよくあります。そして、はっと、させられるのです。

私が長年の報道拠点としてきたワシントンで安倍氏についてのこの書の主旨をこうして書いているのは２０２３年10月です。安倍氏が暗殺された２０２２年７月８日から１年３ヵ月ほどが過ぎたわけです。ところが安倍氏はなお活動中だとつい思わされます。

なぜかといえば、この時点でもなおアメリカ側の政府、議会、研究機関の関係者たちが安倍氏の施策や業績を話題にすることが多いからです。とくにアジアやインド太平洋の政策にかかわる米側の関係者たちは安倍氏がなお健在であるかのように、語ります。

安倍氏が進めた政策がアメリカ側にとってもいま活気を高め、勢いを強めているという感じなのです。そこからは、その背後にはご本人がまだあの微笑とともに姿勢よく立っている、というイメージまでが浮かんでくるのです。

たとえば23年8月にワシントン近郊の大統領山荘、キャンプデービッドで開かれたアメリカ、日本、韓国の3国首脳会議では3国のかつてない防衛協力の強化が合意されました。北朝鮮や中国の脅威に備えての3国の軍事要素の強い連帯です。その直後にはアメリカ政府内外の識者たちから「この前進はまさに安倍晋三首相の政策の産物だ」という見解が語られました。

アメリカの国政の場では台湾への支持が急増しています。中国が台湾に軍事攻撃をかける台湾有事も現実的な可能性として論じられるようになりました。いまのアメリカの国論としてはその場合にはアメリカが軍事介入する見通しが強くなっています。

この台湾有事の議論で必ず論題になるのは日本の対応です。日本も台湾有事には関与してくれるだろう、という期待が大きいわけです。ここでもアメリカ側では「日本は安倍晋三首相が開いた進路を歩んでくれるだろう」というような言葉が出てくるのです。

まさにそんな体験を9月18日にも味わいました。「安倍首相、なお健在か」と、つい思わされる体験でした。

この日の夕方、アメリカ連邦議会の議事堂下院側の一室で福島産をも含む日本の水産物を賞味するパーティーが開かれました。主催はワシントンの日本大使館でした。実際には地元の寿司レストラン「鮨小川」の練達のシェフが日本の新鮮な魚を使って作る寿司を下院議員たちが食べるという集いでした。

しかしその背後には日本側からの強烈な政治メッセージがこめられていました。東京電力福島第一原子力発電所が処理水を海洋に放出したことに対して中国政府が「汚染水だ」と断じて、日本の水産品の輸入を全面停止しました。しかしその処理水の安全性は国際原子力機関（ＩＡＥＡ）によっても完全に証明されています。アメリカをはじめとする主要諸国もすべて日本の安全性の主張に賛成しています。

だからこの時期に日本の魚を使った寿司を食べることは日本側の主張に同意し、中国側の主張を非と断じることになります。

この議事堂内のそんな集いになんと現職の下院議員が共和、民主両党40人ほども出席し、みなおいしそうに寿司を食べたのです。そのなかには福島沖でとれたヒラメやスズキも入っていました。

さてなぜこの出来事が安倍晋三氏につながるかというと、この寿司パーティーに顔を出した下院外交委員長のマイケル・マコール議員が「いまや日米同盟も、アメリカと日本のそれぞれの中国への政策も、安倍晋三首相が示した路線を着実に進んでいますね」と語ったのです。

マコール議員には私は何回か接触したことがあり、今回も一対一の立ち話のなかで、同議員はごく自然にそんな言葉を口にしました。ベテランのマコール議員はもちろん安倍首相との直接の交流があったのです。

さらに現在のアメリカで安倍氏の軌跡を強く想起させるのは、ドナルト・トランプ前大統領の活発な動きです。トランプ氏は民主党、共和党の激突のなかでいまアメリカ政治の最大の論議の的です。そのトランプ氏と安倍氏とが緊密な絆を築き、4年ほども日米関係に特別な時代を生んだことは米側でも周知の事実でした。

日米の首脳同士の「相棒」とまで評された親密な仲はトランプ大統領に安倍首相への信頼とまで呼べる態度をとらせました。「アメリカ第一」を唱え、外国の代表には冷徹な姿勢でのぞんだトランプ大統領としては珍しく、安倍氏には「シンゾーはすばらしい男だ」などと、礼賛の言葉を惜しみませんでした。

その結果としてトランプ政権は中国への厳しい対決姿勢のなかで日本との同盟強化を強調し、尖閣諸島の防衛誓約を明示しました。トランプ大統領は安倍氏が悲願としてきた北朝鮮による日本人拉致事件の解決へも積極的に協力しました。

トランプ大統領は国連総会での演説で横田めぐみさんを「日本の13歳の優しい少女」と呼び、日本人拉致の悲劇を全世界に向けて語り、事件の解決を訴えました。金正恩朝鮮労働党総書記に直接、拉致された日本人の即時解放をも求めました。その間、トランプ大統領は拉致被害者の日本人家族とも何度も面会しています。安倍首相の意向をくんでの言動でした。

こんな経緯を知る人間には、いまもなおトランプ氏の脇に立つ安倍晋三氏の姿が浮かんできてしまうのです。

つい9月はじめに第二次ブッシュ政権の大統領補佐官だったルイス・リビー氏とワシントン中心部のレストランで昼食をともにした際も、話題は自然に安倍晋三氏のことばかりとなっていました。ルイス氏は大手研究機関のハドソン研究所の副所長からいまは特別研究員となっています。

旧知の同氏に大統領選挙の展望やバイデン政権の対外政策などについての見解を尋ねようとした懇談でしたが、ルイス氏のほうが安倍氏の業績をもっぱら語るのです。そして安倍氏の提唱したインド太平洋構想などの政策がいまのアメリカの政府や議会によって導入され、アジア戦略の柱になったことを強調するのでした。

「安倍さんが推進した日本を『普通の国』とする施策はアメリカとの安全保障の絆を強め、共和党、民主党両方の超党派の賛同を得ました。

いまのバイデン政権も安倍氏の主唱した構想を歓迎し、アジア政策の支柱としています」

リビー氏はこんなことを述べていました。本書でも詳述するようにリビー氏は国務省、国防総省、ホワイトハウスなどの要職を歴任した国際安全保障の専門家です。首相になるずっと以前の安倍氏の知己を得て、交流を続けてきた人物でもあります。

そのリビー氏は1年数ヵ月前に亡くなった安倍氏についていまなお熱をこめ、悲しみをこめたように語るのでした。

安倍氏についていまなお熱心に語るアメリカ側の関係者はもちろんリビー氏に限りません。私のアメリカとのつきあいも半世紀ほどになりますが、まず安倍氏ほどその名をアメリカ側で広く知られた日本の政治指導者は他に思いあたりません。しかもアメリカ側のその認知は単に好感度だけでなく、現実の政策の適切さ、いやアメリカを導くような先導的な役割にも向けられてきたのです。

トランプ前政権でもバイデン現政権でも安倍氏が主唱した東アジアやインド太平洋への政策は間違いなく大幅に導入されているのです。そんな足跡を印した日本の政治リーダーは他にはないでしょう。

アメリカ側での安倍晋三氏への評価はこれほどに高いのです。しかし最初からこんな評価を受けていたわけではありません。安倍氏は米側の一部勢力からとはいえ、非難され、忌避される、という時代もあったのです。それがやがて超党派の一致した好感というふうになったのです。その過程には幾多の風雪がありました。

しかし現在の安倍氏へのアメリカでの高い評価は肝心の日本での反応とはだいぶ異なります。日本では安倍氏への礼賛が多数派ではあっても、批判の声も消えてはいません。なぜ日米両国では安倍氏への評価は異なるのか。本書の主題の一つでもあります。

なぜ私が「安倍晋三」を語るのか

では私があえてなぜ安倍晋三元首相を語るのか。なぜとくに安倍氏のアメリカとのかかわりやアメリカでの評価に焦点をしぼって報告をするのか。

その背景を説明しましょう。その説明は自然と私自身の長年にわたる安倍晋三という人物への接触や考察につながります。

思えば安倍晋三論者というのはいまの日本には多数、存在します。実際に安倍氏を語る評論や報告の類はあふれるように世間に出ています。なにしろ安倍氏が長年にわたり活躍した過程で緊密に接触した政治家、学者、評論家、記者などは数えきれないでしょう。

安倍晋三氏の業績を知って、死後でも強い賛意を送るサポーターも無数に存在します。政界は当然のこと、ビジネス、アカデミア、マスコミなど広範囲にわたることは自明です。

そんななかで、もし私に安倍晋三氏を語る資格があるとすれば、その理由としてはまず三点ほどが考えられます。

第一には、私は安倍さんを知って直接の交流が続いた期間がきわめて長かったという点です。

私自身が初めて安倍晋三という人物に会ったのは１９８２年末でした。２０２３年のいまから数えると41年も前です。私はベトナムとアメリカの駐在特派員生活を終えて、毎日新聞政治部記者となり、外務省の担当となっていました。

一方、安倍さんは父の晋太郎氏が外務大臣になったのを機に、ちょうどその時期、外相秘書官として外務省勤務となったのです。

その結果、外務省内での少人数の勉強会という場で安倍さんと顔を合わせるようになりました。勉強会では安倍さんが中心になるという感じはあまりなかったですが、私とも率直な会話を交わすようになりました。

安倍さんの父の晋太郎氏は政治家になる前は毎日新聞記者でした。私がその同じ毎日新聞の記者だったことも知己を深めた一要素かもしれません。ともに外務省との接触が初めてということも共通項でした。

当時の安倍さんは28歳のさわやかな青年でした。すらりとして、まるで若竹のような好男子でした。他者の話に謙虚に耳を傾ける一方、これという機会には鋭い見解をさらりと述べるという挙措が印象に残っています。

ふだんは言葉が少ないけれど、ときどきスパッとポイントを突く発言をするのです。けれどもまたふと黙って深い思索に入っていくような感じがありました。そんなふうに寡黙になるのは、若者にしては珍しいなという印象を私は受けたのを覚えています。

いま思えば、彼が人の話をよく聞き、その場その場でそうして聞いた言葉を深く考える習慣があった、ということでしょうか。

とにかくそんな古い時代から安倍晋三という人物と個人レベルでも知りあい、その後の長い年月、断続的とはいえ交流を保つこととなったのです。

私が安倍晋三という人物の軌跡を報告しても不適切ではないだろうと判断する第二の理由は、出会いの当初から日本のあり方を国際的な文脈で考え、論じるという姿勢が共通していた点だといえます。

そのなかではアメリカでの体験、アメリカへの考察を共有していたともいえました。

安倍さんは外務省での勤務を始める直前まで神戸製鋼という会社に務め、アメリカのニューヨークなどに在勤していました。その前はカリフォルニアの大学に留学していた。この点も日本の大学を卒業してすぐにアメリカに留学した私の経歴と似ていました。

そのうえに安倍さんも私も最初に出会った時点ではアメリカから帰ったばかりだったのです。私は毎日新聞のワシントン特派員として、そしてその後はアメリカの大手研究機関のカーネギー国際平和財団の上級研究員として通算6年ほどをアメリカで過ごしていました。さらにそのすぐ前はベトナム戦争下のベトナムに4年近く、特派員として滞在しました。

だから二人とも日本という存在をアメリカという特殊な超大国のプリズムを通して考えるという傾向があったといえます。

私が初めて会ってから10年近くが過ぎてから安倍さんは国会議員になりました。その時期、私はまたワシントンに駐在しましたが、時々東京に帰ってくる。もう少し後になるとロンドンや北京にも駐在しました。

その年月、安倍さんが国政の階段を着実かつスピードを増して上昇していくのを考察していました。その間、ワシントンや北京から東京に一時帰国で戻るたびに安倍さんと会っていました。

そのころ私は政治家との取材のための接触は国際問題を語れる人、外部世界の情勢に関心を持っている人に絞っていたので、その相手は数が少なかったのです。

安倍さんはもちろんその貴重な少数政治家の一人でした。彼は私が東京に戻るたびに喜んで会ってくれました。国会の会期中にも二人だけで議事堂の地下の質素な食堂で簡単な食事をしながらワシントンや北京の状況を話した記憶があります。テーマはいつも「日本と世界」、あるいは「世界と日本」でした。

さていま安倍晋三という人物を論じる第三の理由は、彼の死の少し前に一対一の語りあいを長い時間、持てたことです。

この語りあいの時点ではもちろん安倍さんの身にまもなく悲劇が起きることなど夢にも思っていませんでした。安倍さんはこのとき、自分が年来、抱いてきた思考の基本の諸点をじっくりと話してくれました。私との出会いの時期の状況をも含めて、国家観、世界観を詳しく語りました。

いま思えば安倍さんのこのときの発言は、遺志とも呼べるような、長年の考えを総括する重みを持っていました。

このときの安倍さんとの語りあいは対談という形をとりました。元総理との会話がなぜ「対談」という、おこがましい形式の話しあいとなったのか。その経緯は以下のようでした。

私は東京では民間の安全保障研究機関である日本戦略研究フォーラムの顧問を務めています。数十人もいる顧問の一人です。この組織の最高顧問に安倍さんが2022年のはじめに就任しました。その機会に同フォーラム主催の集会で基調演説をしてくれました。

同フォーラムの側で安倍さんへの最高顧問の就任や基調演説へのお礼という意味で、改めて彼に日本や世界を自由に語ってもらい、世間にそれを発表する機会を設けようということになりました。

その謝意を正式に伝え、彼の話を聴く役としてこのフォーラムの会長の政治評論家、屋山太郎氏と私とが選ばれました。

そして4月27日に安倍さんの議員事務所を訪れ、じっくり時間をかけて、話をうかがうということになりました。ところがその直前に屋山氏が体調を崩し、参加できなくなったのです。仕方なく私一人で出かけることになりました。

安倍さんはそれでも旧知の私を温かく迎えてくれて、この会合は対談にしようと提案してきたのです。私は元総理との対談という案はおこがましく感じ、とまどいました。しかし安倍さんは自由に議論をするには片側通行ではない対談がよい、と強調するのです。私も恐縮しながら同意しました。

この話しあいは産経新聞が発行する月刊雑誌の「正論」にその内容を掲載するということで、同誌の田北真樹子編集長が同席してくれました。この会話の内容は同誌の２０２２年７月号に掲載されました。安倍さんが暗殺される１ヵ月ほど前の刊行となりました。

だからこの安倍さんとの対談は彼にとって一対一で日本を論じ、世界を語るという自由な発言の記録としては、おそらく最後になったと思います。その内容は本書の最終章で紹介しますが、この安倍さんの「最後の意見」にじっくりと耳を傾け、私の側の考えも自由に述べたという記録は、その安倍さんの実績を死後に語ってもよいのではないか、いや語るべきではないか、と私自身に感じさせるにいたった、ということなのです。

この対談は１時間半にも及びました。安倍さんはその場で熱をこめて日本の憲法改正について語り、アメリカとの関係をも論じました。いまとなれば、これらの言葉は安倍晋三氏の遺言となったといえます。

２０２３年10月　　ワシントンで

古森義久

アメリカはなぜ安倍晋三を賞賛したのか◎目次

第三章　アメリカで始まった安倍攻撃

歴史問題の間違いを修正
安倍氏を巻き込んだ慰安婦問題
NHK「女性国際戦犯法廷」
米国からの激しい非難
米政治活動家・ダデン氏の安倍攻撃
「外務省の下部機関　米で対日糾弾セミナー」
ダデン氏の抗議メール
NYタイムズの安倍叩き
「ナショナリスト」というレッテル
韓国に近い米研究者の罵り
NYタイムズへの寄稿
「誰が安倍晋三を恐れているのか?」

第六章　歓迎されたナショナリズム

ハドソン研究所での受賞演説
「希望の同盟へ」
アメリカに対する評価の集大成
真珠湾攻撃75周年に

第七章　日米関係の黄金時代

「シンゾーと私は波長が合う」
「私が隣に立つだけで」
大統領専用機に同乗
日米首脳会談、朝日の大誤報
トランプ氏の日本批判
「在日米軍撤退」の前提
安倍・トランプ関係の分析

「いつか限界に来る」
叩かれるほど燃えてくる
言論界は発言の責任を取らない
憲法の作成過程に大きな問題がある
台湾有事はカバーできる
憲法9条と財政法第4条
自衛隊違憲論をなくす

装丁　神長文夫＋柏田幸子
DTP　荒川典久
カバー写真　AFP＝時事
プロフィール写真　産経新聞社

第一章

安倍晋三を賞賛したアメリカ

米軍艦の半旗

アメリカのノーフォーク基地といえば、全世界でも最大の海軍基地です。首都ワシントンから南へ320キロほどの大西洋岸のこの基地にはアメリカ海軍の大西洋艦隊の司令部があります。多数で多様な海軍艦艇を停泊させる埠頭が果てしなく並んでいます。

この巨大な海軍基地に2022年7月9日、ふだんとは異なる光景が展開されました。基地から海上方向をみると、視野に入る数十隻というアメリカの軍艦がすべて半旗を掲げたのです。半旗とはアメリカの国旗である星条旗をふだんは旗柱の最上部に掲げられているのをその柱の半分のところまで下げて掲揚する慣行です。大統領の死去など超要人の不幸への弔意を表す公的な行為です。

この半旗は日本の安倍晋三氏の死への弔意でした。巨大な軍港の広大な岸壁沿いや港内から港外の水域まで停泊しているすべての海軍艦艇が半旗を掲揚したのです。

巡洋艦、駆逐艦、イージス艦、航空母艦、そして水面に浮上していた潜水艦まで、みわたす限りの多数の軍艦がアメリカ国旗を旗柱の半分の高さまで下げて掲げる光景は壮観でした。

つまりこの基地の多数のアメリカ海軍艦艇がこぞって安倍晋三氏の死への喪に服したのです。

安倍晋三氏は7月8日午前11時半ごろ、奈良市内で遊説中に銃撃されました。病院に収容されましたが、午後5時すぎに死亡が確認されました。世紀の暗殺事件といえるでしょう。銃撃したのは山上徹也という人物でした。

郵便はがき

100-8077

63円切手を
お貼りください

東京都千代田区大手町1-7-2

産経新聞出版　行

お名前《フリガナ》	
性別　男・女	年齢　10代　20代　30代　40代　50代　60代　70代　80代以上
ご住所　〒 (TEL.　　　　　)	
ご職業　1.会社員・公務員・団体職員　2.会社役員　3.アルバイト・パート 4.農工商自営業　5.自由業　6.主婦　7.学生　8.無職 9.その他(　　　　　)	
・定期購読新聞 ・よく読む雑誌	
読みたい本の著者やテーマがありましたら、お書きください	

書名　**アメリカはなぜ安倍晋三を賞賛したのか**

このたびは産経新聞出版の出版物をお買い求めいただき、ありがとうございました。今後の参考にするために以下の質問にお答えいただければ幸いです。抽選で図書券をさしあげます。

●本書を何でお知りになりましたか？

□紹介記事や書評を読んで・・・新聞・雑誌・インターネット・テレビ

媒体名（　　　　　　　　　　　　　　　　　　　）

□宣伝を見て・・・新聞・雑誌・弊社出版案内・その他（　　　　　）

媒体名（　　　　　　　　　　　　　　　　　　　）

□知人からのすすめで　□店頭で見て

□インターネットなどの書籍検索を通じて

●お買い求めの動機をおきかせください

□著者のファンだから　□作品のジャンルに興味がある

□装丁がよかった　□タイトルがよかった

その他（　　　　　　　　　　　　　　　　　　　　　）

●購入書店名

●ご意見・ご感想がありましたらお聞かせください

（ご回答いただいたご意見・ご感想は広告等で使用させていただく場合があります。）

その1日後の7月9日にノーフォークの軍港を訪れた日本の外交官の塚田玉樹氏はこの世界最大の海軍基地での半旗掲揚の壮観を目撃しました。軍港いっぱいに停泊したアメリカ海軍艦艇のすべての艦上に掲げられた半旗でした。塚田氏はこの光景に胸が熱い感動でいっぱいになったそうです。

ワシントンの日本大使館のナンバー2で特命全権公使の塚田氏（その後にイラン駐在大使）はこの日、たまたま日本の海上自衛隊の練習艦隊がノーフォーク港を訪れ、アメリカ側の歓迎式典にのぞんだ機会に日本政府の代表として現地にきていたのです。

自衛隊の練習艦隊の旗艦「かしま」の艦上での式典に出ると、周囲の艦艇がみな半旗を掲げていることに気づいたわけでした。最初に目にした半旗は「かしま」のすぐ隣に停泊していたアメリカ海軍の駆逐艦「ラブーン」の艦上の旗でした。そしてさらに気がつくと視野に入るすべての艦艇が小雨のなかで半旗を掲げていたのです。

塚田公使の反応に気づいたアメリカ海軍の将校が改めて「安倍晋三首相の逝去への弔意としてホワイトハウスからの命令でアメリカ国内だけでなく、全世界の米海軍基地の艦艇や施設が3日間、半旗を掲揚しているのです」と説明してくれたそうです。なるほどこのノーフォーク基地の地上の海軍施設の建物もみな半旗を掲げていました。

なおこの壮大な光景はこの海上自衛隊の練習艦隊で旅してきた日本側の実習生約170人もじっくりと目撃しました。海上自衛隊の将来を担う若き隊員の実習生が改めてこの半旗の掲揚を熟視して、安倍氏への弔意をかみしめるように頭を下げる姿も目立ちました。

ノーフォーク軍港といえば、地理的には日本のちょうど地球の裏側に位置しています。そんな遠方でも安倍氏の死には丁重な弔意が示されたのです。いうまでもなくアメリカ合衆国の国家としての追悼でした。

思えばこの情景は安倍氏の業績や心情を象徴していたともいえます。政治家としての生涯を通じて、安倍氏は日本の戦後の異端を変えるために、そして日本の安全保障を強固にするために、アメリカとの関係の安定や強化に努めました。同時に安倍氏は日本の防衛の構築という大目標のために、自衛隊の存在をも重視しました。

そのアメリカと自衛隊とがこぞってという形で地球の裏側で追悼の意を丁重に示す光景は安倍氏の業績を期せずして讃える結果だったといえるでしょう。

日本と大違いのワシントン

アメリカの首都ワシントンでの安倍氏の悲劇への反応は人間味のあふれる温かさを感じさせました。

アメリカ側の官民がまず安倍氏の不幸な死を強く嘆き、安倍氏の政治的な業績を正面から賞賛し、その喪失を改めて深く悼むという反応だったのです。超大国アメリカのこうした態度は安倍氏の国際的評価の高さを示したともいえましょう。

この点、どうしても日本での反応とくらべて奇異な思いを感じさせられました。

この残酷な政治テロへの日本での反応は大多数の国民がその凶行を無条件に非難したといえるでしょう。しかしその一方、かなりの数の国民がその種の政治的暴力への糾弾よりも、その暗殺者が主張しているとされる旧統一教会への非難を優先させる、というような反応も示しました。とくに大手の新聞やテレビなど主要メディアの報道にこの偏向を強く感じさせられました。この点はアメリカの反応は日本とは大違いだったのです。

ワシントンでの反応も安倍氏の死を真実、悼むという姿勢が官民の両方であらわでした。

ワシントンでは現地時間の7月8日未明に安倍氏の死亡の確認の報が伝わると、その朝すぐにホワイトハウスはジョセフ・バイデン大統領の声明を発表しました。大統領個人の思いをもこめた悲しみの心情を実感させる追悼の言葉でした。

その全文は以下のようでした。

「私は友人だった日本の元首相の安倍晋三氏が選挙遊説中に銃撃され、殺害されたというニュースに驚き、怒り、深く悲しんでいる。この出来事は日本にとって、そして安倍氏を知っていたすべての人間にとっての悲劇である。私は日本の首相としての安倍氏と緊密に共同作業をするという栄誉を得た。私は副大統領として東京を訪れ、安倍氏と会い、ワシントンでも彼を歓迎した。安倍氏は米日両国間の同盟、米日両国民の間の友好の最大推進者だった。

日本の総理大臣としての在職期間が最長の安倍氏が推進した『自由で開かれたインド太平

洋』という構想は永続するだろう。だが安倍氏はなによりも日本国民に対して深い思いをいだし、その一生を日本国民の福祉に捧げたといえる。銃撃を受けた瞬間でさえ、彼は民主主義の作業にかかわっていたのだ。

私たちはこの攻撃の細部についてはまだ知らないことが多いが、この暴力的な攻撃は決して受けいれられず、銃による暴力が社会に深い傷を残すことはよく知っている。アメリカ合衆国はこの悲嘆のときに、日本の味方である。私は安倍氏の遺族に対しても深遠な哀悼の意を送りたい」

バイデン大統領はそして連邦政府機関や在外公館で弔意を表する半旗を3日間、掲げる指令を発しました。自国の指導者の逝去の扱いと変わらないほどの丁重な対応でした。

続いてバイデン大統領は7月8日午前、特別に記者会見を開き、安倍氏の業績を礼賛し、個人としての心をこめた語調で弔意を表明したのです。

ほぼ同時にトランプ、オバマ、二代目ブッシュという歴代の大統領もそれぞれに安倍氏の死をアメリカや世界にとっての損失として位置づける追悼の意を表しました。

バイデン大統領とは一貫して対立してきた共和党のドナルド・トランプ前大統領もさっそく自分自身のソーシャルメディアでの発信でいかにも彼らしい哀悼の意を示しました。

このトランプ氏とは安倍氏は特別に緊密な絆を築いていたのです。「安倍・トランプ関係」というのは安倍氏自身の政治家としての生涯において、さらには日米関係全体の歴史において、特殊な意味を持つ現象だったといえます。

トランプ前大統領の安倍氏追悼の言葉は以下のようでした。

「安倍晋三氏の死は全世界にとって悪いニュースだ。安倍氏がいかに偉大な人物だったか、いかにすぐれた指導者だったか、これまで本当に理解していた人は少ないだろう。だが歴史がその事実を明らかにして、安倍氏に対してきわめて寛大な評価を高めていくだろう。安倍氏は他にまず類例をみないような統率者であり、団結を進める指導者だった。

しかしなによりも安倍氏は日本というすばらしい国を心から愛し、果てしなく慈しんだ日本人だった。安倍氏はこんごずっと多くの人々によって惜しまれることだろう。安倍氏と同じような人物はまずこれからもいないからだ」

米議会上院の追悼決議

アメリカ議会でも安倍氏への追悼の言葉は次から次へと発せられました。民主、共和両党、保守、リベラルの政治志向の別なく上下両院の多数の議員たちから弔意が表明されました。なにしろ安倍氏はアメリカ議会とのつきあいも長かったのです。

アメリカの議会のそんな弔意の表明のなかで、とくに真っ先に心をこめたことが明白な追悼の言葉を述べたのはテネシー州選出の上院議員ビル・ハガティ氏でした。共和党のハガティ議員は安倍氏の暗殺が確認されてすぐ選挙区のテネシー州ナッシュビルで弔意を述べたのです。

その内容は以下のようでした。

「世界は本日、民主的な価値観を絶えず推進した指導的な政治家を悲劇として失った。日本の近代史でももっとも偉大だったといえる安倍晋三氏、彼は私の友人でもあった。『自由で開かれたインド太平洋』構想の発案者として、さらに日本、インド、オーストラリア、アメリカの『クアッド安全保障パートナーシップ』の推進者として、安倍晋三元首相は専制主義政権の世界での広がりのなかで、自由、安全、繁栄の擁護者でもあった。

私が日本駐在のアメリカ大使だった時期、安倍氏との友情を深め、彼とともに米日同盟を深遠に強化することができた。これからのアメリカ上院議員としての私は安倍氏の遺産を継続し、米日同盟を強化して、自由で開かれたインド太平洋の構想を前進させたい。私の妻のクリシーと4人の子供を代表しても、安倍氏の愛した家族や日本のすばらしい国民に対して、心からの同情と祈りを捧げたい」

安倍氏の訃報が届いてすぐに述べられた外国人政治家の個人の弔意としては、安倍氏への私的な感情と安倍氏の政治家としての業績への賞賛を細かに伝える声明だといえるでしょう。その弔意の受け手側にある日本人しても誠意を感じさせる追悼でした。

その背景にはハガティ上院議員がアメリカの日本駐在大使として安倍氏との直接の親交が深かったという事情もありました。ハガティ氏はトランプ前大統領によって2017年3月に駐日大使に任命されました。そして2019年7月まで東京に在勤して、トランプ政権と安倍政権との折衝にあたり、その間、安倍氏との個人的な親交を深めたのです。

ハガティ氏はテネシー州で弁護士となった後に実業界に転じ、ボストン・コンサルティング社の在日代表として3年ほど東京に駐在した経験もあります。これが日本とのかかわりの始まりでした。

トランプ政権下ではハガティ氏は地元テネシー州で長年、務めた共和党上院議員の引退にともない、20年には大使ポストから転進し、上院議員選挙に出馬して当選しました。以来、上院の財政委員会や外交委員会で活発な動きをみせ、安倍氏との交流も続いたわけです。

アメリカ連邦議会の上院ではこのハガティ議員らの先導により安倍晋三氏を悼む決議が採択されました。この決議は上院議員１００人のうち60数人が共同提案者となって7月13日に提出されました。まず外交委員会で審議されて可決され、7月20日には上院の全体会議にかけられ、超党派全員の賛同を得て、正式に採択されました。

この安倍晋三氏追悼決議は「日本の元首相、安倍晋三氏を偲びながら」という書き出しでまず安倍氏の業績を細かく列記していました。

これまでのアメリカ側の他の政治指導者らとの言葉と重複する部分もありますが、その箇条書きの全体を紹介します。この決議はやはりアメリカ国民の直接の代表である連邦議会の上院全体が採択した追悼文ですから、アメリカ全体の弔意の総括ともいえるわけです。

その列記は次のようでした。

「2022年7月8日に悲劇的に暗殺された安倍晋三氏は全世界の民主主義の価値を絶え間なく推進してきた」
「安倍晋三氏は日本の首相を2006年から2007年にかけて、さらに2012年から2020年にかけて務め、その間、日本の政治、経済、社会だけでなく、世界の繁栄と安全保障に消すことのできない実績を残してきた」
「2007年8月、安倍氏はインドの国会で『二つの海の交わり』と題する歴史的な演説をして、自由で開かれたインド太平洋の構想を鼓舞した」
「安倍氏は2012年12月にはダイアモンドのような民主主義の安全保障の概念を打ち上げ、後のアメリカ、オーストラリア、インド、日本の4ヵ国による民主主義防衛のための協力戦略組織の『クアッド安保対話』の結成へとつなげ、インド洋と西太平洋とを結ぶ海洋公共財の保護を実現させた」
「安倍氏は2015年4月には日本の指導者としては初めてアメリカ議会の上下両院合同会議で演説して、米日両国の関係を『希望の同盟』と評して、第二次世界大戦で亡くなったすべてのアメリカ国民の霊への永遠の弔意を表明した」
「安倍氏は2019年10月に成立した米日間の新たな貿易協定を含めてアメリカの歴代政権と外交、軍事、経済の協力を深めることにより米日同盟を深化させた」
「安倍氏は北朝鮮により拉致された日本国民の問題の解決に労を惜しまず、長年、一貫して、そのような日本国民の安全な帰国を継続して求めてきた」

「安倍氏は北朝鮮の非核化をも一貫して求め、そのために北朝鮮の違法な核兵器の開発計画の財源を断つためのグローバルな制裁活動をも主導してきた」

「アメリカは安倍晋三元首相の暗殺事件により偉大な友人を喪失した。安倍氏はアメリカと日本がパートナーとしてこんごの何十年も自由と繁栄と安全を全世界に広げ、専制や独裁に反対するための永続する基礎を築くことに指導力を発揮したのだ」

追悼決議は以上のように前段で9項目にわたって安倍晋三氏の実績への高い評価を列記していました。そして最終部分の決議の本体として以下を明記していました。

「だからこそアメリカ合衆国連邦議会上院は（1）日本の安倍晋三元首相を追悼し、米日両国間の同盟を強化した安倍氏の業績を記憶する（2）そして安倍氏の遺族と日本国民全体に対して弔意を捧げる」

「もっとも傑出した政治リーダー」

アメリカ側の国政レベルでの安倍氏への追悼はこのように全面的な賞賛を根幹としているのです。この状況は日本側の一般の人たちにとってはとても信じられないかもしれません。なぜなら日本側では安倍氏の政治的な実績にここまでの全面的な賞賛はないからです。

アメリカ側での安倍氏の業績への前向きな評価、そしてその悲劇的な死への同情や弔意は決して国政で活動する政治家だけに限らず、国民一般のレベルにも広がっていると実感させられました。

私自身あてにもアメリカの知人や友人から多数の安倍氏追悼のメッセージが寄せられたのに驚きました。長年、交信のない知人たちからも「安倍元首相の死を心から悼む」という趣旨の弔文が届いたのです。繰り返しますが、アメリカ側でのこうした反響は日本とはあまりに対照的でした。

なぜなのか。

この点の解明が本書の主題だともいえるでしょう。

私はこの40年余り、外国に拠点をおく国際報道活動を続けてきました。最初は毎日新聞記者として、次に産経新聞記者としてベトナム、アメリカ、イギリス、中国、そしてまたアメリカと、各地に駐在する特派員でした。もちろんその間に日本に戻っての記者活動の期間もありました。

この長い経験のなかではアメリカの首都ワシントンの駐在が最長でした。いまも基本的に報道活動の拠点はワシントンにおいています。そのワシントン駐在の年月を総計すれば、30余年となるでしょうか。

このワシントンでの報道活動の長い年月、当然ながらアメリカと日本と多数の人間の動きを目撃してきました。アメリカ側なら大統領や連邦議会議員、外交官、評論家、ジャーナリストと多彩です。そのアメリカ側と接触する日本側の代表の動きもワシントンでは当然、考察の対象となります。ワシントン報道では日米関係の動向がいつも重要だからです。

こんな経験をいま改めて振り返ると、安倍晋三という人物はこの日米関係ではこの数十年、おそらくもっとも重みのある役割を果たしてきた人物のように思えます。私自身がごく早い時期から安倍氏自身の知己を得てきたという経緯も同氏の行動を重視する理由の一部となったでしょう。

だから安倍氏にとってアメリカとはなんだったのか。またアメリカにとって安倍氏とはなんだったのか。こうした命題を改めて考えざるをえないのです。

安倍晋三氏が殺害された2022年7月8日、私は東京に滞在していました。衝撃の報を東京で知ったわけです。しかしそれから2週間ほどでワシントンに戻りました。7月下旬でした。

安倍氏の無惨な死に対する日米両国での反響の相違はすでに実感していました。その差異を十分に意識したうえで改めてアメリカ側で日本や日米関係をよく知る識者たちに感想を尋ねてみました。政府とか議会とはまた異なる民間の反響を知るという目的でした。

「ここ10年ほど全世界でも、もっとも傑出した政治リーダーは安倍氏だったといえる。遠大なビジョンを持った政治家というだけでなく熟練した外交活動家として日本の外交と資源を『自由で開かれたインド太平洋』構想と日米同盟の強化の実現へと投入し、成功した」

これほどの手放しともいえる賞賛の言葉はハドソン研究所日本部の上級研究員ジム・プリ

シュタップ氏の安倍評でした。

プリシュタップ氏は東アジア、とくに日本の専門学者として国務省や国防総省の政策企画部門に勤務していました。その後は国防大学の教授を経て、ヘリテージ財団、ハドソン研究所など民間シンクタンクでの在勤も長いという経歴です。日本では慶應大学で客員教授として教えたこともあります。

私はこれまでプリシュタップ氏との交流は長いのですが、彼が日本の政治家をそう簡単にはほめないこともよく意識してきました。しかしこと安倍氏となると、もう全面的に高い評価なのです。

プリシュタップ氏は安倍氏を国際的な背景で高く位置づけました。しかも日本という枠を越えて、全世界を見渡しても安倍氏は傑出した指導者だと賞賛したのです。そういわれてみると、確かにここ10年ほどの世界の主要各国の指導者でも、世界的なリーダーシップや国際的な構想という点でのこれぞ、という単一の人物の名はなかなか浮かんできません。

それ以前の時代ならば、たとえば東西冷戦でソ連を崩壊に追いこんだアメリカのレーガン大統領の名前が浮かんできます。そのソ連の共産党体制を根本から変えようとしたゴルバチョフ書記長も国際的に傑出した指導者だったといえるでしょう。

しかし、近年はそうした例外的な指導者が不在のなかで安倍氏の実績が光るということなのでしょう。こうした考察は日本のなかではまず出にくい視点だといえそうです。

プリシュタップ氏は安倍氏の業績についてさらに語りました。

「安倍晋三氏はトランプ大統領が2017年11月に公式の場では初めてインド太平洋構想について語るのに先立つ10年も前に『自由と繁栄の弧』という標語で民主主義、人権、法の支配、市場経済という普遍的価値観を共通に北東アジア、インド洋、中東などの諸国を結びつける構想を打ち出していた。

そしてその構想にアメリカとオーストラリアを含めることに成功したのだ。だから民主主義に基づく国際的な平和と安定の推進者としての彼の実績は歴史的な意義を有する」

私はプリシュタップ氏との取材を通じての接触は30年以上に及びますが、前述のように同氏は日本側の政策や指導者を簡単に賞賛することはきわめて少なかったのです。いわば辛口の日本側批判が多かったといえます。そんな人物が安倍氏に限ってはここまで高く評価するというのは、当然それなりの理由があるのだろうと、感じてしまいます。

プリシュタップ氏はさらに安倍氏がインド太平洋構想を進めるうえで中国への抑止や留保をどう考えたか、その中国への効果的な連帯を東南アジア諸国に対してどう進めたか、などを詳しく述べました。そのうえで安倍氏が日米同盟強化のためにとった具体的な措置を列挙するのでした。やはりプリシュタップ氏は安倍氏については長期間、細かな考察を続けてきたのでしょう。

「世界にとっての歴史的な喪失」

安倍氏に対するこうした国際関係での評価に加えて、安倍氏個人への人間的な共感や感慨をこめた言葉もアメリカ側では少なくありませんでした。その代表的な実例はジョージタウン大学東アジア言語文化学部教授のケビン・ドーク氏による追悼の言葉でした。

ドーク氏は日米両国で広く知られたベテランの日本研究学者です。高校時代に日本に留学し、アメリカで高等教育を終えた後は東京大学、京都大学、立教大学などで教育や研究を重ねてきました。

ドーク氏はそのうえに安倍氏との直接の交流がありました。暗殺事件から1ヵ月後の機に見解を問うと、「私に安倍氏を評価する資格があるとは思えない」という辞退の繰り返しの末に、やっと重い口を開いてくれました。

ドーク氏はまず安倍元首相の暗殺を知ったときの自分の衝撃はふつうではなかったことを強調しました。

「いまの日本でなぜこんな惨劇が起きるのか。国内の治安は世界でも最善だとされてきたのではないのか。私は激怒し、傷つき、悲しみにうちひしがれた。世界にとっての歴史的な喪失だと思った。日本人ではない私がここまで悲嘆に襲われるのはやはり安倍氏の偉大さと魅力を個人的に知っていたからだろう」

ドーク氏はそのうえで安倍氏の政治家としての実績について語りました。

「安倍氏は２００６年の最初の首相就任時から日本の国のあり方を民主主義と国際協調に沿って大胆に改革する戦後の政治家としては稀有の資質を発揮したと思う。教育基本法の改正、改憲のための国民投票法成立、防衛庁の省への昇格がまず最初の実例だといえる」

ドーク氏はそのうえで安倍氏が２０１２年からの首相再就任では日本の国際的な立場を変えたと指摘するのでした。

「安倍氏は日本の政治を安定させ、対外的には『日本は戻ってきた』という宣言とともに国際的影響力を増していった。グローバルな発想の下、中国への抑止をインド太平洋構想で巧みに築き、アメリカとの絆を強めた」

「安倍氏の内外政策の基盤は占領米軍が作った憲法での日本の国家安全保障の自縄自縛をなくし、日本を通常の主権国家にすることだったと思う。つまり戦後レジームの抑制をなくし、ふつうの民主主義国家を誕生させることだったといえる」

ドーク氏はこのあたりで安倍氏の日本の内政での改革の実績を強調するのでした。そして安倍氏の個人としての特徴にも触れました。

ドーク氏が安倍氏と最初に会ったのは２０１０年、安倍首相がアメリカを訪れ、ワシントン近郊の公立学校の日本語授業を参観した際だったとのことでした。そこでは短い時間だったものの、安倍氏と正面から向き合い言葉を交わしたそうです。

「私は学者として特定の政治家と親しくなることには関心がなかったが、その後、２０１３年

6月、たまたま日本を訪れていた際に突然、安倍首相から官邸に招かれた。そしてワシントン地区での最初の会合を回顧する形で、かなりの時間、一対一でじっくり話をする機会を得た」

２０１３年のその時点までにドーク教授は日本の首相の靖国神社参拝について自国を守るために戦死した国民の霊を追悼することは当然だという見解を発表していました。日本国内の一部や中国、韓国の「靖国参拝は日本軍国主義の礼賛」という非難は不当な干渉だと退けたわけです。当時の安倍氏がこのドーク氏の見解を認識し、関心を抱いていたことは当然でした。

ドーク氏は語りました。

「私は２０１３年６月の首相官邸でのこの会合で安倍氏のビジョンだけでなく人間としての他者への配慮、謙虚さ、ユーモアなどを知ったといえる。この際、靖国問題は論じなかったが、彼の政治指導力と人間としての温かさに強い印象を受けた」

安倍氏はこの年、つまり２０１３年12月に現職総理として靖国神社を参拝しました。中国、韓国がいっせいに攻撃し、アメリカのオバマ政権までが在日大使館を通じて「失望」という声明を出しました。安倍氏は首相在任中にはその後は参拝しませんでした。

ドーク氏はこの点について初めて批判をにじませる見解を述べました。

「安倍氏が中国などからの不当な非難に屈する形で首相としての靖国参拝を止めてしまったのは残念だった。その参拝を軍国主義と結びつける中韓両国などの不当な非難に正当性を与える感じとなったからだ」

ネガティブな評価からの転換

以上、アメリカが官民で安倍晋三首相の逝去をいかに惜しんだか、安倍氏の生前の政治的な業績をいかに高く評価していたか、多数の実例をあげて、報告してきました。

このアメリカの安倍氏に対する追悼、愛惜、そして賞賛は日ごろアメリカ国内で対立する民主、共和両党の区分を越えることも実例で伝えてきました。アメリカの主要メディアに反映される一般国民の反応も同様でした。

超大国アメリカのこの安倍評、そして安倍氏への追悼はグローバルにみても同様だったといえます。

民主主義を信奉するイギリス、フランス、そしてインドまで、いわゆる国際社会は日本の安倍晋三という政治指導者の実績を高く評価し、賞賛と呼べる温かい態度をみせ、彼の悲惨な死を本当に悼むという反応だったといえます。

この現実は日ごろアメリカその他、日本の外の世界の動向を追うことが職業的な責務となっている私のような立場の日本人が日本全体に向かって知らせねばならない実態だと感じています。おこがましく響くかもしれませんが、日本の外の現実を日本に向かってできるだけ客観的に知らせ、日本内部の誤解や認識不足をなくすことは当然ながら当事者の日本や日本国民にとって超重要な意味を持ちます。

話は飛びますが、日本がアメリカや中国などほぼ全世界を敵とするあの大戦争に突入していったのも、やむにやまれぬといえる事情が多々あったとしても、日本の外の現実を正確に認識していなかったことが大きいと思います。私は安倍晋三氏への評価についても日本と外部世界との巨大な断層のような差異を感じ、ついこんなところまで懸念を走らせてしまうのでした。

しかしアメリカ側の安倍氏への全面礼賛を伝えるこの章の最後では重要な点をもう一つ、付記しておかなければなりません。

それはアメリカ側の安倍氏への評価はつい十数年前までは決してこのようではなかった、という点です。安倍氏にはアメリカ側の一部からとはいえ、きわめてネガティブなレッテルさえ貼られていました。「軍国主義者」や「右翼」、「歴史修正主義者」という非難でした。

そのなかには安倍氏が日本を1930年代の軍国主義的な状況へと復帰させることを意図しているとまで断じる向きさえあったのです。明らかに根拠のない不当な非難でした。一時はそんな非難がアメリカの大手新聞の社説に何回も出るという状態まであったのです。

しかしアメリカ側のそんな不当な非難はやがて薄れ、消えていきました。その変化をもたらしたのは当然ながら安倍氏自身のアメリカ側に向かっての努力が最大要因だったといえましょう。

同時にアメリカ側でも安倍氏本来の価値、とくにアメリカにとっての高い価値をも当初から認識して、前向きな安倍晋三観を一貫して保ち、広めた人たちが存在したことも大きな要因だったのです。

本書ではアメリカ側の安倍晋三観の変遷をも詳しく報告したいと思います。

第二章

米国製憲法との戦い

安倍氏は異端と戦った

では安倍晋三氏とはどんな政治家だったのか。なにを考え、なにを望んだのか。私の長年の安倍氏に関する考察を基に彼の思想の特徴をあげていきましょう。

安倍晋三氏といえば、すぐに使われる言葉は「保守派」です。だが私はむしろ安倍晋三氏は改革派だったと思うのです。

改革とはいま目前にあるシステムを変えようとすることでしょう。多数派の人たちの意見に少数の立場から反論を唱える。これも改革でしょう。この点で安倍氏の政治的主張は全体としては改革であり、刷新だったといえるのです。古き良きものを守るという部分もあったのですが、安倍氏の主張は全体としては日本の現状の変更でした。だから改革派だったと呼ぶ方が正確に思えるのです。

同時に安倍氏は現実主義者でした。世界の現実を見て日本の実態に反映させていくという一貫性があったと思います。その基盤は国際基準や世界での普遍的な価値観の尊重だったといえます。

では安倍氏は具体的に一体、なにを目指したのか。

簡単にいえば、日本の国家としての異端をなくすことでした。日本が国際基準とくらべて違う国なのだという、その異端と戦い、その状況を正常とか通常と呼べる状態にすることこそ、彼の目標だったといえます。もっと簡単にいえば、国家であって国家ではない日本を普通の国家らしくする、ということでしょうか。

私自身もこの日本の国家としての異端さをアメリカやベトナムでの体験により、いやというほど意識させられてきました。この意識は普通に日本だけで暮らしていれば、なかなか得にくい認知だと思います。

戦後の日本は普通の主権国家、独立国家とは異なる部分があるのです。わかりやすくいえば、自国を防衛することを基本的にみずから禁じているのです。自国の国家安全保障に対する自縄自縛の禁制ともいえます。

日本という国がどの他国にも支配や命令をされない自主独立の主権国家なのだ、という意識も戦後の日本国民には欠けていました。世界の他の諸国ではごく自明とみなされる国民の間の国家意識です。それが日本では欠落、あるいは希薄という状態だったのです。

日本は一見、非常にバランスの取れた国のようにみえます。経済もよい、社会福祉もよい。教育も悪くない。国内の治安もふだんは確立されています。もっとも今回の安倍氏の暗殺でその国内治安の大欠陥が露呈しました。しかし一般には国内治安は悪くない。

だがその日本には一つ大きく欠けている領域がある。それは国の安全保障ということです。自分の国を守るということをしてはいけないのだという示唆のような自縄自縛があるのです。その異端は憲法に起因します。

これをプラスかマイナスかで分けるとどうしてもマイナスとしか思えない、日本をバランスのとれた国家として機能させていく上ではこの異端はやはり大きな欠陥になっているのだ、ということです。安倍氏は非常に若い時からその意識を強く持っていたということを私はかなり早い時期に知りました。

実は私自身は新聞記者として当初はノンポリの時代が長かったのです。政治的な無知、無関心とも呼べたでしょう。けれどもベトナムとアメリカでのちょうど10年にわたる国際体験でその意識は大きく変わりました。

報道機関の海外特派員というのは外国にいながらも日本に向かって記事を書いています。だから日本の状態も普通の在外の日本人よりは細かく見ているわけです。同時に日本という存在を外から見るとどうなのかということもどうしても考えざるを得ないのです。

その結果だんだんわかってきたのは、日本は外部世界の他の諸国とは根幹で異なる特徴の国なのだ、という点でした。日本という国家の特殊性、つまり国際基準からみての異端性です。

私はベトナム戦争の報道でも戦後の日本の価値観の国際的異端さを、頭を殴られるようなショックを覚えながら、知らされました。それは日本でだれもがすぐ口にする「平和」という言葉について、でした。

日本では自国のあり方、ひいては世界のあり方を語るときに、「平和こそが大切です」というような言葉が決まり文句になっています。同時に「戦争は絶対にいけません」というような言葉がそれとセットになっています。

これらの言葉を文字どおりに受け取ると、どうしても自国を守るためであっても戦ってはいけない、という結論になってしまいます。自衛も戦争だからです。このへんもやはり憲法9条の規定が出発点でしょう。

しかしこの情緒的な思考は非国際的、非現実的であることを私はベトナムで改めて知らされたのでした。

ベトナム戦争で知った現実

私は毎日新聞のベトナム特派員として現地で4年近い歳月を過ごしました。その期間のほとんどが戦争でした。日本の新聞記者では戦火のベトナムに駐在した期間としては私は最長だったようです。

その報道の最頂点はサイゴン（いまのホーチミン市）陥落でした。1975年4月30日です。

その数日後に革命勢力の大勝利の祝賀集会がサイゴン中心部の南ベトナム政府の旧大統領官邸広場で開かれました。ベトナムの革命勢力からすれば、フランスと戦い、アメリカと戦い、さらにアメリカに支援された南ベトナム政府と戦って、30年もの大闘争の歴史的な勝利を得たわけです。

その勝利を祝う大集会でこの革命闘争の始祖である故ホー・チ・ミン国家主席の金言が掲げられました。長い闘争中にいつも最高指針とされた言葉です。われわれはなぜ戦うのかの精神をうたう政治標語でした。
旧大統領官邸の最上階の前部に掲げられた巨大な横断幕にその金言は大書されていました。日本語に訳すと以下の言葉でした。

「独立と自由より貴重なものはない」

その標語をみて、私は瞬時、なぜ平和という言葉がないのか、といぶかりました。当時の私にはまだ日本の戦後教育の影響が残っていたせいかもしれません。こんなに長く激しく戦ってきてやっと平和を得たのだから平和という言葉があってもいいのではないか、という疑問でした。

でも考えて、すぐに理解できました。この標語は、国として民族としてたとえ戦争のない平和があっても、植民地支配によって独立も自由もない状態は受け入れられない、という意味だったのです。平和という概念はそこにはない、あってはならない、あえて排除されていたのです。

つまり独立と自由のためには、たとえ平和を犠牲にしてでも、民族として国家として戦わなければならない、という考え方なのです。人間にも国家にも平和よりも大切な価値を持つものがあるのだ、という思考の集約でした。

この基本姿勢は他の諸国も実は同様なのです。自分たちの独立と自由のためには平和を犠牲にしても戦う。これはいまのウクライナがまさにそうです。平和を絶対に優先するならば、国として降伏すればよいわけです。

しかし一国家が外部から攻められたら平和のために必ず降伏すると宣言していたら、国家ではなくなります。だから広い世界でも日本以外の諸国はそんな降伏平和主義はどこもとっていないのです。

世界のこうした現実を私はベトナム戦争の時に知ったわけです。しかし当時の日本の政治家のなかで、あるいはあえて述べるならば、国民のなかでも、そういう認識を持っている人は非常に少なかったと思います。とくにシニアの政治家になればなるほどそういう感覚は薄いという状況でした。

現行憲法への安倍氏の不満

私がこうした政治的な目覚めをはっきり自覚して日本に戻った1982年という時期に安倍晋三氏を知ったわけです。安倍氏も同様の意識を抱いていることがすぐにわかりました。安倍氏は日本の現行憲法に根本からの不満を持っていることもすぐに知らされました。

この日本の特殊性のそもそもの原因は占領アメリカ軍が作った日本国憲法だったからです。日本の国家としての異端はアメリカ製憲法によって築かれた特殊な枠組みの結果でした。この異端は正常な独立国家としては明らかに基本的な欠陥です。しかし大多数の日本国民はアメリカから押しつけられたこの異端を喜々として受け入れました。

なにしろ日本はアメリカとの戦争に敗れ、国土をアメリカ軍に占領されたという重い歴史の流れのなかでは仕方がない反応だったといえましょう。また当時の日本の苦しい実態ではそれでもよかったともいえるでしょう。

しかし戦後の日本が独立国家として繁栄し、他の諸国との接触、友好あるいは摩擦という状況に接するにつれ、この異端が大きなブレーキになる構造があらわとなっていきました。主権国家としての機能のゆがみともいえましょう。

ほんの一例をあげれば、1991年の湾岸戦争への日本の対応です。イラクのサダム・フセイン独裁政権が隣国のクウェートを不当に軍事占領したことにアメリカをはじめとする世界の多数の諸国が団結して軍事的に反撃し、フセイン軍を撃退しました。

その際には国連のイラク非難決議に基づき、40近い諸国がクウェート解放の軍事作戦になんらかの形で参加しました。要員を送りました。

だが日本はクウェートの石油に大幅に依存してきたにもかかわらず、またアメリカなどからの再三の要請にもかかわらず、ただの一人の人間も派遣しませんでした。憲法の規定により軍事紛争には直接、関与できない、ということでした。そのかわりに巨額の資金だけを出しました。後に「日本の小切手外交」として国際的な侮蔑を受ける結果となりました。

1970年代から起きた北朝鮮政府工作員による日本国民の拉致も日本の異端の結果だといえます。北朝鮮という日本を敵視する危険な国家の工作員が日本国内に自由に侵入し、日本人の若い男女をその日本国内で誘拐し、北朝鮮へと連行する。しかもその犯行が明らかになっても、拉致された日本国民の帰国を実現できないのです。

普通の国家であれば、まず危険な外国工作員の自由自在の侵入や自国内での自国民の拉致という重大犯罪の実行を許すはずがないでしょう。

こんな事例に象徴される日本の国家としての異端、欠陥に安倍氏は若いときから気づき、それを是正して日本を正常な国にしたいと意図していたことは明らかでした。私自身がその彼の意図や懸念を直接に何度も聞きました。安倍氏が早い時期から憲法改正を唱えていたことも、彼のその意図の表明でした。

憲法の前文には周知のように以下の記述があります。

「日本国民は（中略）平和を愛する諸国民の公正と信義に信頼して、われらの安全と生存を保持しようと決意した」

これは英語で書かれた憲法の原文を日本語に訳した記述です。本来の日本語では「信義を信頼して」と記すべきところを「信義に信頼して」と書かれています。「てにをは」が違うのです。まあ、そんな点はこの際、問題にせず、記述の意味を考えてみましょう。

憲法前文のこの記述は、日本国民は自分の努力ではなくて諸国民の善意に頼って自国の安全を保っていくということをうたっているのです。

さらに憲法9条をみましょう。

条文は以下です。

「日本国民は、正義と秩序を基調とする国際平和を誠実に希求し、国権の発動たる戦争と、武力による威嚇又は武力の行使は、国際紛争を解決する手段としては、永久にこれを放棄する。

前項の目的を達するため、陸海空軍その他の戦力は、これを保持しない。国の交戦権は、これを認めない」

普通に読めば自衛隊さえも持つことはできないというふうにさえ解釈できます。実際に日本の憲法学者の多数派はその解釈を選び、自衛隊違憲論を主張しているのです。

この憲法9条は戦争という行為は自分の国を守ることであってもいけないとまで読み取れるような条文になっています。つまり日本は自国を防衛してはならない、という意味にさえ受け取れる憲法なのです。

自国を守ることをみずから禁じる国が普通の主権国家であるはずがありません。

憲法草案の責任者へのインタビュー

安倍氏はこうした日本の戦後のゆがんだ構造を正すべきだという認識を出発点として政治家としても船出を始めたといえるのです。

ただし彼は38歳で初めて国会議員となっても当初は自己主張や自己宣伝が少なかった。謙虚さを感じさせることが多かった。しかしじっくりと話をするたびに、彼の深層にある強さとか、熱さが認識できました。

そして彼は日本のゆがみのほとんどは憲法に由来するという考え方を私にもことあるごとに伝えていました。この点、安倍氏は日本の憲法の生い立ちについても熟知していて、その改正を強く望んでいたのです。

この憲法については私との話しあいでもいつも波長が合致すると感じました。というのは私にはその日本国憲法を起草したアメリカ占領軍の実務責任者から当時の状況をくわしく聞いた経験があったからです。そして安倍氏もその起草の状況を詳細に知っていたのです。

私は日本国憲法の草案を書いたアメリカ軍人グループの実務責任者だったチャールズ・ケーディス氏に会い、長時間のインタビューで往時の実情を詳しく聞きました。安倍氏に初めて会った年の前年、1981年の春のことでした。

この年には私は毎日新聞を休職して、アメリカの大手研究機関のカーネギー国際平和財団に上級研究員という立場で採用され、日米安全保障関係についての研究や報告をすることになったのです。一年あまりの研究活動でしたが、きちんとフルタイムの給料やオフィス、秘書までを提供されました。

アメリカ側で日本との安全保障や防衛の関係への関心が高まった結果、私に声がかかり、一応、それまでの記者としての活動の報告を提出し、採用試験に等しい面接を受けての入所となりました。当時としてはアメリカの主要シンクタンクに日本人の上席研究員が雇われるという例はきわめて少なかったようです。

　その結果の研究活動ということで、私は日本の防衛のあり方を大きく規定する日本国憲法の起源についても調べようと、その憲法草案の書き手のケーディス氏に当時の詳しい様子を尋ねようとしたわけです。

　日本国憲法は周知のように日本の敗北による終戦からわずか半年後の１９４６年（昭和21年）2月、当時の日本を占領していたアメリカ軍などの連合国軍総司令部（ＧＨＱ）によってほんの10日ほどで作られました。

　この作業の最高責任者は同総司令部を統率したダグラス・マッカーサー元帥でしたが、実際の起草にあたる実務班のトップはＧＨＱ民政局の次長だったケーディス氏だったのです。

　ケーディス氏はそのころ陸軍大佐でしたが、戦争前からアメリカ国内ですでに弁護士として活動していた法律家でした。同氏はマッカーサー総司令官の命令を受けて、ＧＨＱのなかで法律に詳しいアメリカ軍人を20数人、集めて、皇居の堀端にあった第一生命ビルのなかで一気に日本国憲法を書きあげた実務責任者だったのです。

　それから35年が過ぎた１９８１年当時、ケーディス氏は現役の民間の弁護士としてニューヨークのウォールストリートの主要法律事務所で働いていました。知人を介して会見を申し込むと快く応じてくれました。

　同氏は自分の事務所に私を招き、「もう守秘義務などありませんから、なんでも質問してください」と、きわめて友好的に対応してくれました。

「日本を永遠に非武装に」

ケーディス氏は憲法起草の経緯を詳しく話しました。通算3時間半ほどにもなる長いインタビューとなりました。

同氏はそのなかで驚くほど多くのことを明かしてくれました。まずは、とにかく早く憲法草案を作らなければならなかった、という点を強調していました。

実はマッカーサー総司令部は、最初は日本側に憲法草案を作らせようとして、当時の日本政府の国務大臣の松本烝治という法律の専門家に委託をしたのです。ところができあがった草案を見たら大日本帝国憲法とほとんど変わっていなかった。

これでは日本の民主化を決めた占領軍総司令部としては絶対に受け入れられない。だが敗戦国の日本が新しい民主憲法を掲げねばならない日は近づいている。ではどうするか、やはりアメリカ側が書くしかない。こういう判断でアメリカ占領軍が一気に10日間で書いたということでした。

このインタビューで私は総括としてケーディス氏ら当時のアメリカ側は日本国憲法についてその最大の目的をなににおいていたのか、と問いました。同氏はきわめて率直に答えました。

「日本という国を永遠に非武装にしておくことだった。ただしマッカーサー司令官からの事前

の指示では『戦後の日本は戦力の行使などは自国の防衛のためでも禁じられると、書くように』とされていた。しかしこの点は私自身の法律家としての判断で、書かないことにした。自国の防衛を最初から禁じられる国家は主権国家や独立国家とはなりえない、と考え、あえてその旨は書かないことにしたのだ。この点、上司には事後の了解を得た。まあ、それでもよい、ということだった」

要するにアメリカ占領軍が書いた日本憲法は日本を永遠に非武装の国にしておくことが最大の目的だったということなのです。ケーディス氏はその目的を明記したのが憲法9条なのだと説明してくれました。

しかしよく考えれば、当時のこのアメリカの思考も当然だともいえます。ついその半年前まで大規模な戦争でアメリカを4年近くも苦しめた軍事強国・日本の再出現はもう絶対に容認できないという意思でしょう。だからそれからの日本は軍事力を保有せず、自衛さえも禁じる存在にしてしまおうという発想があったわけです。

日本国の戦後の船出はここから始まったのです。日本は非武装に、というアメリカの意思の産物でした。日本との戦争を終えたばかりのアメリカは日本の非軍事を固定しようと意図したのでした。

自分の国を守ることができないかもしれない国というのは、やはり国際的にみて異端です。国際的に、世界中を見回しても、そんな国はないわけですから。そんな状態は独立国家としては根本での欠陥を抱えていることになります。国としての構造的、制度的なゆがみだともいえます。そして日本のその国家のゆがんだ構造はいまも変わらないのです。

このことを安倍晋三という人物はよくわかっていました。憲法から生じた日本国のゆがみを私がいまここで述べているよりも、もっと鋭い表現で指摘していました。そして日本の現状のその部分を変えなければ、正常な国にはなれない、という信念を強く、激しく表明していました。

自国の防衛を禁止とか制限されている国は独立した主権国家ではなく、半国家、ハンディキャップ国家だというわけです。そしてなによりも安倍氏はケーディス氏らによる日本国憲法作成の実態を詳しく知っており、そんな憲法の改正の緊急の必要性を熱をこめて語るのが常でした。

日本の国政の場でも、一般国民の間でもいまの憲法をとにかく守るべきだと主張する側は日本国憲法のアメリカ側による作成という歴史には触れません。護憲派は憲法のアメリカ製という事実に背を向けたままなのです。憲法を最初からアメリカと結びつけていた安倍氏とは正反対の立場をとるともいえます。

拉致問題と安倍氏と私

安倍晋三氏は2006年9月、日本国第90代目の内閣総理大臣となりました。52歳でした。

日本の戦後では最年少の総理大臣でした。

この首相就任への過程では拉致問題での安倍晋三氏の実績が大きな推進力になったといえます。北朝鮮政府による日本人拉致事件に対する安倍氏の毅然たる姿勢が国民多数の高い賞賛を生んだのです。そうした反応は当然、国政の場での安倍氏の行動力やリーダーシップへの評価の高まりにつながりました。

私自身はこの時点ではすでに毎日新聞から産経新聞に移っていました。しかし毎日新聞時代から北朝鮮政府による日本人拉致事件という犯罪への疑惑や認識は強く持っていました。

実は北朝鮮政府が日本人を日本国内で組織的に拉致していたという事実はかなり早い時代から日本側の一部で知られていました。しかし日本政府はそれを認めなかった。主要メディアもほとんどが否定していました。

メディアの多くは「北朝鮮当局による日本人拉致事件」という言葉自体に真正面からの否定に回っていたのです。「北朝鮮に対してそんな無実の罪となるような非難をするのはとんでもない。朝鮮民族の蔑視や偏見だ」という反応が強かったです。

「拉致問題なんてものはないんだ」という主張をかなり多くの著名とされる人たちが述べていました。そういう人たちの実名はみな記録に残っています。しかしいまはそういう人たちの誰もがそんな発言をしたことを、すっかり口をぬぐい、知らんぷりです。左翼の人は誤りを述べても追及されないという、いまも日本に残るゆがみの実例です。

こういう流れの中で安倍氏はきわめて早い段階から拉致被害者家族の横田滋さん、早紀江さん夫妻らの話をよく聞いて、その主張を信じ、一緒に活動していました。

そうした拉致事件の解決への努力に私もささやかな寄与をしました。拉致事件が２００２年９月の小泉純一郎首相の北朝鮮訪問で被害者５人の帰国へとつながる前の年でした。このころも私は産経新聞の特派員としてワシントンにいました。

そのワシントンに２００１年２月、拉致被害者の家族会代表たちがやってきました。拉致の関係者としては初めてのアメリカ訪問でした。目的はアメリカ側の支援への要請でした。ちょうどその年に登場してきた二代目ブッシュ大統領が就任後すぐの演説で北朝鮮を「悪の枢軸」と断じました。

その強硬さに驚いた北朝鮮の最高指導者の金正日がアメリカの非難におびえて、日本の援助を期待し、日本人拉致を認めた、という展開になったわけです。

ただしその展開よりも一年半も前のこの時点では北朝鮮はもちろん拉致を認めず、日本政府も冷淡でした。

しかしアメリカ側の政府や議会、朝鮮半島問題の専門家たちはみなその時点で日本政府よりも北朝鮮による日本人拉致問題の解決に対して理解を示してくれました。だから横田夫妻らは喜んでいました。

その時の自民党政権の中枢は北朝鮮に対して強固な態度をとれない傾向がありました。そんな状況下で安倍氏だけは自民党中枢の意向に反してまで、拉致被害者の側に密着して、事件の解決への努力をしていました。私はその安倍氏の熱意の実態を横田夫妻らからワシントンで詳しく聞きました。

私の寄与とは日本側の被害者家族がアメリカ側の官民の誰と会うべきか、なにを訴えるべきか、などを詳しく助言することでした。私はその時点でワシントンの長期の駐在は3回目とあって、アメリカ側の首都での外交や政治には慣れていました。

だから家族会、救う会の代表たちからの要請もあって、連日のように私なりの助言をさせていただきました。その接触の過程で被害者側からの直接の話として、安倍氏の拉致事件解決への努力をよく認識したわけです。

そして小泉訪朝で結局、安倍氏の懸命の努力が正しかったことが完全に証明されました。帰国した拉致被害者5人をまた北朝鮮に戻すという案にも、安倍氏が外務省などの意向を押し切って、強く反対したことも明白となりました。この展開で安倍晋三氏への国民的な信頼が高まったといえます。

安倍氏の長年の足跡からすれば、自国民の拉致被害の是正に努めることは日本という国家への認識、そして国際的な正義や法の執行という価値観に合致していたわけです。

降伏主義と積極的平和主義

しかし安倍氏はわずか一年間で首相の座を降りました。特別な持病が悪化したからでした。そして以後、雌伏の年月を経て、２０１２年12月にまた首相に返り咲きました。そしてそれ以降の総理大臣としての長い歳月、日本の異端と戦う活動を強めていったのです。

その一端は安倍首相の「積極的平和主義」という政策用語の採用でした。２０１３年の国家安全保障戦略の一環として掲げた概念でした。第二次安倍晋三内閣の安全保障政策のキャッチフレーズともなりました。安倍首相自身、２０１３年９月の国連総会での演説で日本の安全保障政策の新しい柱として「積極的平和主義」という言葉を何回も使いました。

ちょっと聞いただけでは、やや奇妙な響きの言葉でした。積極的な平和主義とはなんなのか。簡単にいえば、憲法９条から生じてくる無抵抗の平和主義へのチャレンジであり、否定の政策表明だったのです。突きつめれば日本の戦後の異端への戦いの一環だったともいえます。

戦後の日本では「平和」という言葉が錦の御旗のように使われてきたことはすでに述べました。その場合の平和とはとにかく戦争がなければよいという意味でした。戦争さえなければ他国の奴隷であってもよいという意味で、国としての武力での自衛や抵抗をすべて否定する情緒的な概念でした。

日本ではこの概念から「平和主義」という用語も生まれました。政策の指標としてもよく使われるようになりました。日本では本来、存在しない言葉で、英語の Pacifism（パシフィズム）という用語の翻訳から始まった形跡が強かったといえます。逆に日本語として広まった平和主義という言葉を英訳すると必ずPacifismという単語になるわけです。ところがこの点に大きな誤解がありました。日本語で「平和主義」といえば、とにかく平和を最重視する考え方、というような意味になるでしょう。

しかし英語のPacifismというのは実際には戦わない主義ということなのです。だから日本語にすれば、正確には反戦主義、あるいは無抵抗主義と呼ぶのが適切です。消極的平和主義、無抵抗平和主義とも呼べます。

アメリカで、あるいは国際的な議論のなかではパシフィズムというと、ちょっとバカにされるようなところがある。それは外国からの軍事的な侵略や恫喝に対してなにもしない、という意味だからです。降伏主義という意味に解釈されることもあります。それが日本では平和主義と、いかにも平和愛好だけを指すように誤用される言葉となったのです。

安倍氏はこのあたりの状況もよく理解していました。そして「積極的平和主義」という言葉を防衛の基礎として打ち出したのです。英語ではProactive Contribution to Peace.とされました。その英語をまた日本語に直訳で戻すと、「平和への積極的な貢献」となります。だから「積極的な平和主義」だというわけです。憲法9条に由来する降伏主義の排除の努力でもあったのです。

国家機密という概念

安倍氏は国家という概念についても国際的な思考を明確に保持していました。

そもそも戦後の日本では国家が嫌いだという傾向が強かったのです。国家というのは、個人を抑圧する悪の存在だとする。国家というと国家権力と表現される。その後に弾圧という言葉が、連想ゲームのように出てくる場合が多かったのです。メディアあるいは学者の中ではとくにそうでした。この傾向はいまも残っています。

ところが安倍氏は国家という存在はあくまで人間集団には不可欠であり、日本もその例外ではない、という考えを持っていました。首相としても明らかに、国家は国民とともにある、国民が国家のあり方を決める、それが民主主義だ――という思考を安倍氏は保持していました。

民主主義の国であれば国家と国民というのは一体であって、国民こそが国家のあり方の枠組みを作る。決して国家と国民というのは対峙する存在同士ではないわけです。

ところが国民の多くが国家という意識を持たない、あるいは国家は悪い存在だとみなすとなると、どうなるか。

国民は国のためになにかをするという感覚が減っていく。国家のために個人の利益を脇においてもなにかをすることがなくなる。日本という国を愛するという感覚もなくなる。日本国を支える基本的な価値観などについても考えなくなるわけです。

日本では逆に「日本を愛する」というと、右翼だとか軍国主義だというレッテルを貼られる傾向がありました。しかし自国を愛するという感覚、そしてその感覚の表明というのは、他のどの諸国でもごく自然なことです。ところが日本ではその世界の自明の真実とは違う異端の状態が永く続いてきたわけです。

この点を安倍氏は非常にわかりやすい表現、温和な物言いで少しずつ変えていきました。穏やかではあるけれど、決して芯を曲げないという態度でした。とくに首相の座に返り咲いてからは、実際の法律や制度を次々に変更し、日本のあり方を国際的な標準の方向へと動かすことに努めていきました。

安倍氏は首相に再選されてすぐの2013年に特定秘密保護法という法律を成立させました。一般にはスパイ防止法とも呼ばれた新法です。この法律も日本の戦後の異端を減らし、国家という存在の意義を認めるという趣旨でした。

戦後の日本にはそもそも国家機密という概念がなかったといえます。だからその秘密に相当する政府の情報を敵性のある外国に流しても犯罪とはならない。他の諸国なら不可欠とされるスパイ防止法的な規制がなかったからです。

スパイといえば、私自身が独特の体験をしました。日本で多数の政治家を相手にしてスパイ活動をしていたソ連の工作員の動きをワシントンから報道したのです。1982年、東京に戻る少し前のことでした。

ソ連のスパイ機関KGB（国家保安委員会）の秘密工作員だったスタニスラフ・レフチェンコという人物がソ連の雑誌記者を装って日本国内で3年余りにわたり、日本の国会議員や官僚、新聞社幹部などを対象に秘密情報の収集や偽情報の拡散、影響力の行使などをしていたのです。レフチェンコという人物は実は軍事組織に等しいＫＧＢの少佐でした。だが日本からアメリカに亡命したのです。そして３年後、アメリカ議会で日本でのスパイ、謀略活動について詳しい証言をしました。

私はその証言内容を秘密の段階で入手し、レフチェンコ少佐本人にも単独の会見をして、その結果を毎日新聞で大きく報道しました。

だがその結果、改めて確認したのは、普通の諸国では厳罰に処されるこの種のスパイ活動、スパイされる動きは日本ではなんの罪にもならない、という実態でした。自国の秘密情報を外国のスパイに流せば、国家反逆ということで死刑や無期懲役に処される国が大多数という同じ世界で、日本だけはなんの罪にもならないという状態だったのです。

その後、この異常な状態への対処として１９８５年には自民党議員からスパイ防止法案が出されました。正式には「国家秘密に係るスパイ行為等の防止に関する法律案」と呼ばれる法案で、スパイ行為を処罰するものでした。ところが国会では勢いがつかず、審議未了で廃案となってしまったのです。この結果、日本は「スパイ天国」と評される状態が続いていました。日米同盟でアメリカから取得した軍事機密を日本側で第三国に流しても、違法行為とはならないという時代が続いたのです。安倍氏はこの点でも大きな是正の措置をとりました。事実上、スパイ防止法に近い法律を制定させたのです。

安倍政権は２０１３年12月、「特定秘密保護法」を成立させました。他の諸国のスパイ防止法とくらべると、秘密が盗まれる前に特定秘密だと指定していなかった場合には適用できないとか、罰則が最長でも懲役10年以下と、わりに軽いことなど、甘い点もありました。だがスパイ行為が犯罪になりうるという大枠を決めたことは画期的でした。

平和安全法制という改革

国家安全保障会議という組織を初めて創設したのも安倍首相でした。２０１３年です。それまでは国家安全保障という概念が日本の政府の政策に明確に組みこまれていませんでした。この点だけでも、日本は世界のなかでも驚きの国だったのです。

当然ながら独立国家であれば自分の国を守るという体制を作らなければならない。そのためには政治の中枢に確立された組織が存在しなければならない。自国を守るための行動をとってはいけないのだというような政治風潮や行政組織の枠組みを変える。それが安倍氏が成しとげてきたことなのです。

安倍首相は国家安全保障会議の土台として国家安全保障局という行政機関を作りました。首相直轄の機関です。

２０１４年1月に国家安全保障局は外務、防衛など各省庁からの安全保障関連の専門職員ら約70人を集めて発足しました。初代局長には外務事務次官、内閣官房参与などを歴任した谷内《やち》正太郎氏が就任しました。

安倍氏はこうして戦後の日本の国の異端の部分を積極果敢に、しかし時間をかけて慎重に、変えていきました。だから彼の本質はやはり改革派と呼ぶのが適切なのです。

しかしその種の改革作業のなかでも特筆されるのはやはり「平和安全法制」でしょう。

安倍政権が２０１５年に国会で成立させたこの平和安保法制とも呼ばれる新たな法律は日本の集団的自衛権の行使を限定的にせよ、認めていました。

日本の集団的自衛権とは日本の領土、領海が攻撃を受けていなくても同盟国のアメリカ、あるいは他の諸国とともに戦うことができるという権利です。憲法９条の規定で、それまでは日本は集団的自衛権は保有はするが、行使はできないとされてきました。

こうした規制をみずからに課している国は全世界でも他にありません。

いまの日米同盟では、日本が自国の領土か領海で攻撃を受けた時だけはアメリカから助けてもらう。この場合の日本の防衛行動は個別的自衛権の行使となります。

しかしアメリカの艦艇あるいは航空機が日本の領土や領海をちょっと出たところで、たとえ日本の防衛のために活動している時でも、もし第三国から攻撃を受けても、日本には助ける義務はないのです。日本の外での軍事衝突は日本の領土、領海を一歩でも出れば、もう日本は関係ない、となるわけです。

つまり日米同盟は双務的ではないということです。

この点をドナルド・トランプ氏が彼らしい乱暴な言い方で指摘していました。最初の大統領選挙戦の2016年中の数回にわたる発言でした。以下の趣旨です。

「いまの日米安保条約ではアメリカはもし日本が攻撃された場合、日本を防衛することを義務づけられている。しかしアメリカが攻撃されても日本はなにをする義務もない。日本国民は家にいて、ソニーのテレビでもみていればよいのだ」

この指摘は実はアメリカ側のかなりの広い層の心情や考え方を反映しています。この不公正感がアメリカ国民の間で一般的になれば、日米同盟の危機が生じます。

この点、安倍氏は日米同盟に日本が自国の防衛を依存するのであれば、ある程度の双務性は欠かせないと考えていました。アメリカが日本を助けるだけではなく、日本も何かアメリカを救うために行動をとらなければならない、という思考です。その結果がこの平和安全法制という新法律でした。

この法律は「日本と密接な関係にある他国への武力攻撃があり、その結果、日本の存立が脅かされた場合、日本は自国が攻撃を受けていなくても、その他国の支援のために武力を行使してもよい」という画期的な内容でした。

ただし日本の自衛隊が国連の平和維持軍のなかに入っていて戦闘が起きた場合、他国の仲間とともに戦うことはできない。この点の日本の自縄自縛は年来のままです。しかし日本の国家の存立が危機に瀕するという際には日本の領土領海の外でもアメリカ軍とともに戦えるという道を開いた平和安全法制の意味は歴史的だといえます。

だが日本国内では安倍氏のこの種の一連の改革的な政策への敵対が激しく起きました。安倍氏の日本を正常な国にしようとする努力は「戦前の軍国主義の復活だ」などという攻撃をも受けたのです。

安倍氏が実現した一連の法律にも「日本が侵略戦争を始める」「徴兵制が始まる」「言論の自由が弾圧される」というおどろおどろしした糾弾が浴びせられました。

だが現実にはそんな事態はまったく起きませんでした。この種の反安倍の糾弾は虚構のプロパガンダ、敵を極端に邪悪の存在にみたてる「悪魔化」だという現実が判明していきました。

安倍晋三氏への反対についてはアメリカでの動きも含めて、後の章でくわしく報告していきます。

第三章

アメリカで始まった安倍攻撃

歴史問題の間違いを修正

安倍氏は日本の過去の戦争にからむ歴史問題での虚構や誤認を正すことを正面から努めた最初の日本人政治家でもありました。

この点でもその背景となる事情のやや詳しい説明が必要です。

日本の戦時の行動で連合国側から戦争犯罪、あるいは人道や平和に対する犯罪を犯したとして日本人の軍人や軍属、政治家までが合計1万人以上、逮捕され、裁判にかけられ、有罪の判決を受けました。そのうち死刑は1千人を越え、残りも無期懲役など厳しい懲罰を受けました。広島と長崎とに原爆が落とされたことも、日本への懲罰とも受け取れるでしょう。

同時に日本は戦時賠償をも長い年月をかけて果たしてきました。このあたりの戦争責任は1951年に署名され、翌年に発効したサンフランシスコ対日講和条約で公式に済んでいます。

ところがその後の長い歳月が過ぎてから、「日本は戦争犯罪の責任を果たしていない」という種類の非難が主として中国や韓国からぶつけられるようになりました。

その真の原因は日本国内の一部勢力の活動にありました。またアメリカでも一部の勢力が中国や韓国の対日非難に呼応するという現象も起きました。日本にとっての歴史問題とされた糾弾でした。

この近年の対日非難はいわゆる従軍慰安婦問題、いわゆる南京大虐殺、旧満州での731細菌部隊などという具体的な「犯罪」をあげています。ところがその非難には実際に起きた事実とは異なる誇大な糾弾や、虚構の攻撃も含まれていました。

しかし日本政府はおそらく内々の政策として戦争の歴史に関しての日本への糾弾には一切、対応しないという方針をとってきました。たとえ外部からの糾弾に事実と異なる点が明確にあったとしても、抗議もしない、訂正も求めないという態度でした。

たとえば1937年12月から1ヵ月ほどの間に中国の南京市で起きたとされる「南京大虐殺」について中国側は近年も一貫して「日本軍は合計35万人ほどの非武装の民間中国人を虐殺した」と非難します。

一方、その当時の南京市の総人口が20万人ほどだったという報告が終戦直後の東京裁判でも示されていました。しかしこの種の矛盾にも日本政府は一切、沈黙を保ったままでした。

この態度は対外折衝を責務とする外務省の政策のようにみえました。しかし外務省の背後には歴代の自民党政権の同様の意向があることははっきりしていました。

中国や韓国から戦争の歴史に関連して抗議され、威嚇され、その内容がいかに事実に反していても日本政府の首脳たちは頭を下げたまま、という態度が続いたのです。

1990年代前半の宮澤喜一内閣が慰安婦問題で事実関係をよく調べないまま、とにかく中国や韓国に謝り続けたのは、その典型例です。

1980年代の鈴木善幸内閣では日本の教科書が日本軍の中国への「侵略」という記述を「進出」に書き換えたという名目で中韓両国に謝罪しました。ところが実際にはそんな書き換えはなかったのです。なんともお恥ずかしい実例でした。

しかし安倍氏は歴史問題でのこうした日本側の態度を変えることを決めていました。相手の非難に事実の間違いがあれば、遠慮せずにその非を指摘する。日本側の実態や事情を説明する。こんな修正の態度です。でもよく考えれば、ごく自然、当然な対応です。

私は90年代の終わりから２００１年にかけて、中国に2年ほど、駐在しました。その間、中国側の歴史問題での日本糾弾の構造をよく知るようになりました。歴史上の事実よりもとにかく日本の侵略の悪を拡大して誇大に宣伝し、日本側を抑えつける、という歴史問題利用の対日政策の構図も理解していきました。

北京勤務の後はまたワシントン駐在に戻ったのですが、この時期も東京にくるたびに安倍氏との会合の機会を得ました。安倍氏の方から昼食に招いてくれて懇談したり、私が自民党本部に安倍氏を訪ねて、政策論議をしたり、という交流でした。

またその時期、安倍氏を古くから支援してきた台湾出身の評論家の金美齢氏が自宅マンションで開く安倍氏を囲む内輪の集いにもよく招かれました。新宿御苑沿いの高層マンションで安倍氏の側近の議員や旧知の政治評論家が30人ほど集まる会合でした。春は新宿御苑の桜、夏は神宮外苑の花火をめでるという集いでした。

この場でも安倍氏の政治論、政策論をくつろいで率直な言葉で聞きました。すべてオフレコが前提というその会合では安倍氏は肩の力を抜いて、自由奔放に自分の考えを話してくれました。

この時期は安倍氏は私の携帯電話にも電話を気軽にかけてきて、政策がらみの課題について意見を交換する、などという意思疎通もかなり頻繁にありました。

ただし現職総理、元総理とのこの種の個人的な接触については私には誇らしげに語ることは控えるという抑制は当時も、現在も、あるといえます。

しかし直接の一対一の会話というのは政治家としての安倍晋三、人間としての安倍晋三をさらによく知る貴重な機会でした。

安倍氏は私とのそうした話のなかで、中国や韓国がからむ戦争関連の歴史問題でもそれまでの自民党政権とは異なり、積極的に反論や議論を挑んでいく、という意向を明らかにしていたのです。

私自身はもちろんその考えに大賛成でした。

安倍氏を巻き込んだ慰安婦問題

その種の歴史問題の代表例は慰安婦問題でした。慰安婦とは戦時に各地に出た日本軍将兵を相手に売春をした女性たちのことです。

慰安婦の実態とはなんだったのか。

日本の内外の長く激しい論議を経て、いまではその基本の特徴は明白となりました。

この慰安婦問題は後に安倍晋三氏をも直接に巻き込み、彼のアメリカでの評判をも大きく動かす展開となっていきました。だからここでこの慰安婦について、やや詳しい解説をしておきましょう。

慰安婦とは日本軍の意向を受けた民間の業者が新聞広告その他で戦地での売春目的の女性たちを商業ベースで募集し、各地にできた慰安所に送り込むという制度だったといえます。現代の倫理や法律の基準では恥ずべき慣行だったといえましょう。

しかし当時は日本でも他の諸国でも売春という行為は合法でした。結果として日本本土、朝鮮半島、中国などの各地で応募した女性、応募させられた女性は貧しい家庭の出でした。生きるため、家族のために、収入を得たいという不運な人たちが大多数でした。

その募集にあたったのは軍から委託を受けた民間の商業活動家でした。その職業の内容や報酬の大枠を示して、リクルートしたわけです。その女性たちは日本軍兵士たちから代金を得て、セックスを売ったわけです。しかしその活動の本質は女性たち本人の同意に基づく商業的行為でした。

ところが日本国内の左翼の政治活動家たちが「慰安婦たちは日本の軍や政府が組織的に各地の一般の女性を集団的に強制連行して、日本軍将兵に対する性行為を女性たちの意思に反して強制したのだ」という主張を打ち上げ始めました。1970年代の後半ぐらいの時期からです。

この日本での動きに呼応する形で、韓国内で同様に慰安婦問題についての日本への糾弾が起きました。この動きは１９８０年代から90年代へと、朝日新聞が急先鋒となって日本政府を攻撃しました。日本政府も本来、終わっているはずの案件にいまさら謝罪や賠償の措置をとる必要はないのに、そのような感じの対応をみせました。

日本政府の結果として間違った対応の究極は１９９３年に当時の官房長官の河野洋平氏が出した「河野談話」でした。この談話で河野氏は韓国側に謝罪し、日本軍が女性たちを強制連行していたという虚構をなかば事実として認める言葉をも述べたのでした。

なにしろこの日本軍のための慰安婦は合計20万人もいたというのです。のちにこの数字には根拠がなく、朝日新聞が戦時の朝鮮半島からの挺身隊を慰安婦とあえて混同させていたことも判明しました。

そしてなによりも日本の軍隊や政府が一般女性を集団で強制連行し、売春を強制していたとする左翼側の主張には根拠がないことが判明しました。その主張の最大の根拠とされた「吉田証言」がまったく虚偽だったことが分かったのです。

「吉田証言」とは日本官憲によるその女性集団強制連行を韓国の済州島で目撃したという吉田清治という人物が語り、書いて残した記録でした。この内容が真っ赤なウソだということが立証されました。

こうした事実の判明の流れに押された形で朝日新聞は２０１４年8月から12月にかけついに慰安婦問題についての記事多数を取り消し、訂正するという画期的な措置をとりました。

要するに朝日新聞はそれまで続けてきた「日本軍による強制連行」とか「性的奴隷」「女性20万人の被害」という主張を撤回してしまったのです。日本の新聞史上でも稀有な大規模かつ長期にわたる誤報、虚報の自認と抹消でした。

ＮＨＫ「女性国際戦犯法廷」

こうした背景のなかで安倍晋三氏もいわゆる歴史問題、より具体的には慰安婦問題に初めて本格的にかかわることになったのです。

その契機は２０００年12月に東京の九段会館で開かれた慰安婦問題についての国際会議でした。

公式には「日本軍性奴隷制を裁く２０００年女性国際戦犯法廷」と題されたこの国際会議は日本の朝日新聞の元記者の松井やより氏らが国連、韓国、アメリカ、スリランカなどの女性活動家とともに、日本の慰安婦問題は女性への重大犯罪だとしてその責任を追及するという趣旨の模擬裁判でした。

その大前提が慰安婦は日本軍によって強制的に連行され、将兵への性行為の提供を常時、強いられた「性奴隷」だと断じていました。より具体的にはこの会議は主催者側により以下のように定義づけられていました。

「第二次世界大戦中において旧日本軍が組織的に行った強姦、性奴隷制、人身売買、拷問、そ

の他、性暴力などの戦争犯罪を昭和天皇をはじめとする9人を被告人として市民の手で裁く民衆法廷」

商業ベースで募集され、代金を受け取っていた売春婦を性奴隷と決めつける点など事実に反する断罪が明白な日本攻撃でした。しかもその結果、模擬裁判では昭和天皇らを慰安婦問題での戦争犯罪で有罪とする判決まで下しているのです。日本政府は慰安婦強制徴用という犯罪に対して謝罪も賠償もしていないとも断定されました。

さらにこの会議では「裁判」とうたいながらも被告側の弁論はなし、検事や判事の役で招かれた人物のなかには韓国の過激な政治活動家や北朝鮮の対日大物工作員までが含まれていたというのです。

この「裁判」の内容は朝日新聞にも慰安婦問題を女性虐待の戦争犯罪として追及するという筋書きで報道されました。さらにその詳しい内容がＮＨＫテレビの特別番組でも報道されることになったのです。

そしてそのＮＨＫ番組の内容を事前に知った当時の自民党中堅議員の安倍晋三氏が事実に反して偏向している箇所が多いとして抗議をしました。公正を欠く模擬裁判であり、その産物としての偏向したテレビ番組だという批判でした。

いまからみればこの模擬裁判で提示された「事実」は間違いであり、そこから出た昭和天皇への有罪判決も根拠に欠ける断定でした。

しかし当時のＮＨＫや朝日新聞は安倍氏の抗議に対して言論弾圧だとして反発しました。この模擬裁判が主題とした慰安婦の特徴づけが虚構だったことがまだ一般に知らされていない時期の出来事でした。だから安倍氏の動きが公正だという判定も簡単には出ませんでした。

安倍氏のこの動きはこの模擬裁判にアメリカや国連の関係者たちも参加していたため、国際的な波紋を広げることにもなりました。日本の戦争の歴史をめぐる論議で安倍氏への国際的な反発を生む原因ともなりました。

安倍氏の抗議の内容はその後に判明した慰安婦に関する歴史的な事実からみても正しかったのです。しかしアメリカでも国連でも安倍氏の主張を否定し、逆に安倍氏を「歴史修正主義者」だなどと誹謗する一部の専門家や活動家が登場し始めたのです。

そして安倍氏はそれからの数年、アメリカでも慰安婦問題を中心とする戦争にからむ歴史的課題をめぐっての激しい嵐に巻き込まれていくことになったのです。

米国からの激しい非難

第一章でも伝えたように安倍晋三氏はアメリカの国政レベルでも、民間でも、その業績を賞賛され、彼の悲劇的な死は深く悼まれました。アメリカでのその弔意の表明はある意味では日本でよりも国民的と呼べる広範な追悼でした。

しかしその安倍氏もアメリカとのかかわりの当初からそんな賞賛の評価を受けていたわけで

はありません。むしろ正反対に、アメリカの一部の勢力からは激しい非難の言葉を浴びせられていました。

その言葉の攻撃は再現するのもためらわれるほど汚く、醜い表現も多かったのです。右翼、軍国主義者、ナショナリスト、歴史修正主義者、ウソつき、人種差別主義者、裸の王様、悪漢、ゴロツキ……。

アメリカがいかに言論の自由の国とはいえ、他国、しかも民主主義の同盟国の首相や有力政治家に対してこんな誹謗の言葉を浴びせるというのは、けしからん話です。でも現実にそんな現象が起きたのです。

日米関係の戦後の長い歴史をみても、日本の政治家で安倍晋三氏ほどアメリカ側から激烈な糾弾やののしりを受けた人はいないでしょう。しかしそんなマイナスの反応がいつしか全面的なプラスの礼賛へと変わっていったのです。

この点にも安倍晋三という人物の特徴があるといえます。いくら攻撃され、誹謗されても揺るがず、自分の本来のスタンスをも崩さず、相手の理不尽な糾弾を論破していく。あるいは誤解や錯誤を解いていく、という姿勢でした。

では安倍氏がいったいなぜアメリカでこんな悪口雑言を浴びせられることとなったのか。

いくつかの原因を点検していきましょう。

その一つは前に述べた２０００年の東京での模擬裁判でした。その背後には慰安婦問題という厄介な課題が影を広げていました。

ただし先に解説したように、この模擬裁判なる集会の実態は「模擬」でも「裁判」でもなく、日本側を一方的に糾弾する政治抗議でした。

糾弾される側、つまり「被告」にはなんの反論も、発言もする機会は与えられず、まさに一方的な魔女狩りのような攻撃だったのです。

その結果、昭和天皇が慰安婦問題で有罪と断じられたこともすでに述べました。その「裁判」の内容は朝日新聞やＮＨＫにより一部、ニュースのように報じられました。さらにＮＨＫが総括の特集番組を作るということで、その偏向した内容の骨子を知った安倍氏がＮＨＫに意見を伝えたことも前述のとおりです。

このとき安倍氏は森喜朗内閣の官房副長官でした。拉致問題や歴史問題への明確な姿勢が国民の多くに支持され、人気が高まってきた時期です。

その安倍氏は同じ自民党で農林水産大臣などを歴任した中川昭一氏とともにＮＨＫに意見を伝えた結果、ＮＨＫ側でもこの「裁判」の趣旨どおりの番組では公正ではないという声も起きました。そのため問題のテレビ番組が当初の筋書きよりも、より中道の方向へと修正された点もあったようです。

この安倍氏らの動きが朝日新聞の報道などで「不当な政治介入」という色彩で伝えられると、この「裁判」にかかわっていたアメリカや韓国の関係者の間では安倍氏への非難が生まれました。

そもそもこの模擬裁判には日本以外の諸国10数ヵ国の代表が参加していました。中国、韓国、フィリピンなどから元慰安婦だったという女性たちが集まりました。そして裁判の検事とか裁判官の役を演じる側にはアメリカやオーストラリアという諸国の代表が加わっていました。

米政治活動家・ダデン氏の安倍攻撃

そのなかにアメリカの政治活動家としてアレクシス・ダデンという女性がいました。本来は歴史学者ということで、後にコネチカット大学の助教授や教授になった人です。ダデン氏はこの模擬裁判の主催者リストには名前を出していませんが、きわめて積極的で重要な役割を果たしていました。

このダデン氏がこの模擬裁判以降、長年にわたり安倍晋三氏への攻撃をもっとも悪意や憎悪をこめた形で続けていったのです。安倍氏がこの模擬裁判の結果を不当に抑圧し、歪曲していったという非難でした。ダデン氏はしかもその安倍氏非難をアメリカ側で拡大することに精力を投入していきます。

この慰安婦問題は日本の左翼の活動家が朝日新聞と手を組み、吉田清治虚偽証言を利用し、日本政府を叩く武器としていたことはいまでは完全に証明されました。しかし当時は虚偽が真実を圧していたのです。

アメリカでは1990年代に首都ワシントンに「ワシントン慰安婦問題連合」という韓国系の組織が初めて旗揚げしました。そして2000年にはその組織が同じワシントンでアメリカの裁判所に日本政府などを訴える訴訟を起こしています。

外部では韓国や中国の意向を受けた勢力、日本の国内では朝日新聞を道具に使う左翼系の勢力と、両方でいわゆる慰安婦問題を政治化して、日本の体制、つまり多数派を揺さぶり、叩くという大規模な活動が始まっていたのです。

そしてその国際的な土舞台にアメリカが選ばれたのです。アメリカでの動きが日本の政府や体制派にはもっとも有力な外圧になるという状況がその背景にありました。

2000年の模擬裁判もこうした内外の流れに乗った一大政治イベントでした。その模擬裁判がダデン氏たちのアメリカ側での活動でいかに不当な安倍氏攻撃、そして不当な日本叩きへと発展していったか。その経緯の一端としてダデン氏がこの模擬裁判をその後の長い年月、政治利用してきたという軌跡があります。

「2000年の東京での日本の軍事セックス奴隷などの戦争犯罪を裁く国際裁判では、日本軍の慰安婦だったという女性が舌を切られてしまったという証拠を私にみせました。また別の元慰安婦は乳房を一つ切り取られたという跡を胸を開いてみせてくれました。

この会議は人道主義に対する犯罪の研究や追及に被害者の直接の証言や被害の提示がいかに重要かを証明しました。その点ではこの裁判は戦争犯罪追及の歴史的な転換点だったのです。

この裁判に参加した私はそう実感しました」

以上の記述はダデン氏の言葉でした。文中の「私」というのは、ダデン氏自身のことです。その模擬裁判に自ら参加して、証人として加わった元慰安婦たちから日本軍の残虐行為の証拠をみせられた、というのです。

そもそも日本軍が慰安の対象とした女性たちにそんなむごい傷を負わせるはずがありません。なんの証拠もない言葉なのです。

だがダデン氏のこの種の言葉はその模擬裁判があったときから20年以上が過ぎた時点でもなお日本叩き、安倍叩きの材料に使われていきました。

実はいま紹介したダデン氏の言葉というのは「ニューヨーカー」というアメリカの有名な雑誌の2021年2月号に載ったのです。

「慰安婦の真実の物語を求めて」というタイトルの長い論文のなかでの紹介でした。その論文はハーバード大学法学部の教授ジーニー・スク・ガーセン氏という韓国系アメリカ人女性学者が書きました。その内容はいまだに日本軍による一般女性の強制連行があったかのような一方的な断罪でした。

その長い糾弾論文の末尾にガーセン教授がダデン氏から直接、聞いた模擬裁判についての報告として出てくるのが、先に紹介した記述なのです。

慰安婦問題で日本を攻撃する側にとってそれほど重視される2000年の模擬裁判も、その虚構や偏向を安倍晋三氏によって指摘されてしまったわけだったのです。だからこそ反日の立場にあるダデン氏らが安倍氏を目の敵として悪口雑言の限りをぶつけるというのも一面、自然といえるでしょう。

この慰安婦問題をめぐる安倍氏と反日勢力のアメリカを舞台とした闘いについては後ほどさらに報告します。

「外務省の下部機関　米で対日糾弾セミナー」

安倍氏はこのように歴史問題でも毅然とした反論の姿勢を明確にしました。しかもアメリカを主舞台とした歴史戦においてです。この姿勢は日本の戦後の長い歴史でも有力政治家として前例のない動きでした。

その後の2003年にも安倍氏がアメリカでの日本の歴史関連行事のひどい偏向ぶりに批判を表明するという出来事がありました。アメリカ側の日本叩き勢力はその結果、安倍氏への怒りや憎しみをさらに募らせることとなりました。

この出来事には実は私も直接にかかわっていました。少し詳しく報告しましょう。

日本政府機関の国際交流基金が2003年1月30、31の両日、ワシントンで「日本とアジアの和解」と題するセミナーを開きました。

このセミナーは実は一年ほどをかける長期の連続セミナーの出発点で、全体のタイトルは

「記憶・和解とアジア太平洋地域の安全保障」とされていました。

日本外務省管轄下の国際交流基金（当時の理事長は藤井宏昭氏）が承認し、資金を出しながらも、実際の運営はアメリカ側の社会科学研究評議会に委ねるという形でした。

ワシントンでの第一回のセミナーはジョージワシントン大学教授のマイク・モチヅキ氏とサンフランシスコ・クロニクル紙記者のチャールズ・バレス氏が共同進行役となり、ジョージワシントン大学の構内で開かれました。その参加者として私も招かれたのです。

その討論会に出ると、びっくりしました。参加はアメリカ、中国、韓国、ドイツ、日本などからの歴史などの専門家や研究者合計20数人でしたが、そのほとんどが「日本は過去の戦争の残虐行為について謝罪も反省もしていないため、アジア諸国との和解ができていない」という前提を立てているようなのです。

実際に討論会が始まると、日本は過去の残虐行為を謝罪も反省もしていないという非難を続けるアメリカ側の中国系や韓国系の学者が主体であることがすぐ判明しました。

討論の場ではそのうえ日本の戦争関連行為はドイツのユダヤ人虐殺のホロコーストに等しいという前提が受け入れられ、ドイツ人学者やアメリカ政府機関のホロコースト処理担当専門家が「ドイツはきちんと対応したが、日本はしていない」という趣旨を主張しました。

日本人の発表者も日本はドイツのように謝罪と賠償をすべきだと主張する橋本明子ピッツバーグ大学準教授、日本の首相の靖国参拝などへの反対を赤旗や朝日新聞で日ごろ表明している藤原帰一東大教授、アメリカ人元捕虜の日本側への賠償請求を全面的に支持する徳留絹枝氏（在米研究活動家）と私の４人だけでした。

前述の安倍叩きの先導者アレクシス・ダデン氏もこの討論会には登場しなかったけれども参加者でした。この討論会のために論文を出していたのです。

とにかく日本の態度が主題なのに日本政府の謝罪や賠償はすんだとする立場を当事者側として報告する日本人参加者が一人もいないのです。これは偏向です。

私は自分自身の考えとして、日本の戦争犯罪は終戦直後の東京裁判はじめ関連諸国の各地で開かれた一連の戦犯裁判で提起され、すでに裁かれた、という見解を述べました。サンフランシスコ講和条約でもその決済と戦時賠償は解決した点も強調しました。

戦争の当事者ではないユダヤ民族を組織的に虐殺したナチスの行動と日本の戦場での行動とはまったく次元が異なるとも述べました。日本がアジア諸国と和解していないという主張も相手を中国と韓国に限っているだけで、他の諸国とは十分に和解や友好が成り立っているとも、報告しました。

しかし私のこの見解はこの会議では25対1ほどの例外となりました。戦後の日本国の実際の行動を支持し、当事者側として説明する代表が一人もいないという不公正な日本叩きだったのです。私はあくまで民間の言論人であり、当事者側ではなかったのです。

私はこのセミナーの実態を２００３年２月12日の産経新聞朝刊で報道しました。

「外務省の下部機関　米で対日糾弾セミナー
中韓の学者ら戦後対応を非難」

以上のような見出しのワシントンからの報道記事は東京でも大きな反響を招きました。後に国会でも提起され、当時の川口順子外務大臣がこのセミナーの参加者の人選が不公正だったと認めたほどでした。

ダデン氏の抗議メール

その報道の直後、私はその時点ではまったく知らなかったのですが、官房副長官だった安倍晋三氏がこの出来事に関心を示し、国際交流基金の幹部を呼んで実態について問いただしたそうです。

これまた複数の関係者から聞いた話ですが、その場で国際交流基金の幹部の側が私の報道内容自体に正しくない点もある、という趣旨の弁解をしたところ、安倍氏はそれを否定する形で詳しく実情を調査することを指示したとのことでした。

実際にその直後に国際交流基金の幹部の一人がさっそくワシントンに飛来しました。私のところにもきて、いろいろと質問をしてきました。たまたまその幹部が外務省のベテラン外交官で、私の知己だったこともあり、率直な会話ができたと感じました。

こうしたやりとりの結果、国際交流基金は一年ほど続ける予定だったこの「記憶・和解とアジア太平洋地域の安全保障」というセミナーのシリーズをここで停止することになりました。

当然ながらワシントンでのセミナーに出ていた日本糾弾の学者、研究者からは激しい反発が起きました。その批判の多くが安倍氏に向けられました。私の報道を受けた安倍氏がその報道の趣旨に同調して、アメリカや中韓側の学者たちを不当に抑圧した、という非難でした。私が安倍氏と内通しているのだと断じる攻撃もありました。

前述のアレクシス・ダデン氏も私あてに直接の抗議のメールを送ってきました。

「産経新聞でのあなたのこのセミナーの描き方は偏った歴史の知識、偏った引用、そして前向きな思考を拒む勢力の基盤をあおる人種差別主義のいつものパターンに沿っている」

私の報道が人種差別主義だというのです。ダデン氏はこんな常軌を逸するような言葉での攻撃の矛先を安倍氏にも向けていきました。

とにかく安倍氏に対するアメリカの一部勢力からの過激な糾弾はこのセミナーによっても高められていったのです。なおこのセミナーへの私の出席や報道に関して、私が安倍氏と連絡をとったことはただの一度もありませんでした。

安倍氏とすれば日本政府の公的資金で開かれたアメリカでの歴史セミナーが日本政府の戦後の行動全体を否定し、誹謗するという展開になることに対しては、抗議せざるをえなかった、ということでしょう。

NYタイムズの安倍叩き

アメリカでの安倍氏への攻撃にはさらにもっと大きな政治的要素も加わっていました。安倍氏は2001年4月に登場した小泉純一郎内閣の官房副長官を務めた後、2005年10月には同じ小泉政権での官房長官となりました。国内での彼の人気や自民党内での影響が急速に高まった時期です。

この期間、アメリカは二代目のジョージ・ブッシュ政権でした。共和党の穏健保守派とされたジョージ・W・ブッシュ大統領は第43代目の大統領で、第41代目のジョージ・H・W・ブッシュ大統領の長男でした。

小泉首相はその二代目ブッシュ大統領とは波長が合いました。就任して8ヵ月後にイスラム過激派の大規模な9・11テロ攻撃を受けたブッシュ大統領を小泉首相は破壊を受けたニューヨークやワシントンの現地で慰めました。ブッシュ大統領が始めた対テロ戦争にも小泉首相は賛意を送りました。同時に日米同盟を強化する措置にも応じています。

その一方、小泉首相は在任中、中国の反対に屈せず、毎年、終戦記念日の8月15日に靖国神社への参拝を続けてきました。この参拝には中国政府や日本の左派は猛反対でした。アメリカでもそれに同調する一部勢力が反対を唱えていました。この勢力はまさに慰安婦問題など歴史の課題で安倍晋三氏の言動を糾弾してきた人たちでした。

こうした政治的な背景のなかでアメリカでは小泉政権、ブッシュ政権を批判する流れの一環としてとくに安倍氏に標的をしぼる非難が目立ってきました。安倍氏が小泉・ブッシュ共同陣営の雄弁な代弁者であり、象徴だとするような認識からでした。

この流れは保守対リベラルの衝突とも呼ぶことができました。つまりアメリカのリベラル派が国内での政敵である保守派のブッシュ政権を批判する際にその政権と連帯している小泉氏や安倍氏を叩く、という構図でした。

こうした背景からの安倍氏攻撃はまずニューヨーク・タイムズが代表するようになりました。この大手新聞自体が民主党リベラル派を一貫して支持し、共和党や保守派にはいつも厳しい批判を浴びせるという背景がありました。

同時に安倍氏を叩くアメリカ側の学者らがニューヨーク・タイムズを利用するという傾向も顕著になっていったのです。

ニューヨーク・タイムズ２００５年11月1日付の日本関連の記事には以下の記述がありました。

「官房長官となった安倍晋三氏は北朝鮮と中国へのタカ派的なスタンスで日本でもっとも人気のあるナショナリストの政治家となり、ブッシュ政権のお気に入りともなったが、アジアの近隣諸国の強い不信を招いた」

この記事の筆者は当時のニューヨーク・タイムズ東京支局長のノリミツ・オオニシ記者でした。この人は日系カナダ人でした。要するに安倍氏のよくない点はブッシュ政権のお気に入りだから、というのです。

リベラル派支持、保守派嫌いというニューヨーク・タイムズのなかでもこのオオニシという記者はとくに左傾であり、日本の自民党も民主主義ではないとするような偏見の持ち主でした。

オオニシ記者は2005年9月7日付の記事では以下のようなことまで述べていました。

「日本はなぜ一党に統治されることに満足なのか。日本の民主主義は1955年につくられた幻想であり、50年の一党支配が民主主義の成長を止めてしまったのだ」

東京発の一般報道記事にこんな独断的なことを書くのだから唖然とします。この論調に従えば、日本は自民党政権下では民主主義ではないとされてしまうのです。

ニューヨーク・タイムズは安倍氏が唱えた「普通の国」への前進にも強い反対をぶつけるようになります。とくにブッシュ政権が安倍政権のそうした前進を奨励していることに猛反対する。ブッシュ叩きが安倍叩きと重なりあっている、という構図でした。

「ナショナリスト」というレッテル

安倍攻撃をこうして始めたアメリカ側の一部勢力やニューヨーク・タイムズがよく使うようになった言葉に「ナショナリスト」というのがありました。「安倍晋三はナショナリストだから危険だ」というのです。

でも実はこのナショナリストという用語にもそれを使う側の安倍氏や日本に対する偏見がに

じんでいました。

ニューヨーク・タイムズはその後の報道や社説でも安倍氏やその支持勢力をナショナリストと呼ぶようになりました。ナショナリズムという言葉でくくり、だから危険だと断定するのです。

ナショナリズムという言葉は日本語では普通、国家主義、愛国主義、民族主義などと訳されます。英語の辞書では一般に「自国への忠誠や献身」という意味だとされます。

であれば、そのナショナリズムを信奉し、実践する人間という意味でのナショナリストも、ごく普通の言葉であり、国家指導者、政治指導者としての特徴としても正常だとみなされるはずです。

ところがナショナリズムという言葉にはもうひとつの狭い意味があります。「過剰な愛国心」とか「自国への偏狭な愛着や誇り」、さらには「狂信的な自国への執着」という意味です。ニューヨーク・タイムズも含めてアメリカ側の反安倍勢力がナショナリズムとかナショナリストという表現を使う際は、この後者のニュアンスが強かったのです。

ごく一般的に考えれば、どの国の政治指導者も自国を愛し、自国の利益を重視し、伝統や文化を守ることに献身するといえます。だからみな広い意味でのナショナリストだといえるでしょう。フランス、イギリス、ロシア、中国と、みな最高指導者たちはその意味でのナショナリストなのです。

ところが実際には他の諸国の指導者たちはナショナリストとは呼ばれない。それはこの言葉に狭い意味での、きわめてネガティブな要素があるからでしょう。

ロシアのプーチン大統領も中国の習近平国家主席も、安倍晋三氏よりはずっと強い国家への忠誠や意識をみせていても、米欧のメディアなどからはナショナリストとは呼ばれません。アメリカでリベラル派からは軍事強硬論者として非難を浴びたジョージ・W・ブッシュ大統領も、いやドナルド・トランプ前大統領でさえ、ナショナリストとは決して呼ばれなかったのです。

安倍氏の言動は国際基準でみれば、他の諸国のリーダーたちと基本的には変わりませんでした。自国の利益や領土の防衛、自国の文化や伝統の重視、国家への忠誠の誇示など、どの国のリーダーでもむしろ欠かせない必要最低条件です。

しかし安倍氏が首相として、あるいは政治指導者として同じ言動をとると、偏狭とか狂信という意味のにじむナショナリストというレッテルを貼られたのです。そこには非民主的だという意味あいさえがこめられていました。

強調しておきますが、安倍氏をナショナリストと呼び、危険だと宣伝したのはアメリカ側のごく一部の勢力でした。しかしそんな言葉の使用はやはり日本という国や日本人という民族に対する偏見や差別と無縁ではないでしょう。さかのぼれば、日本が負けた戦争の影響も大きいでしょう。

そんなレッテルを貼る側の思考の背後には、日本だけは国際社会で普通の国家になってはならないという思惑さえが浮かんできます。当時の安倍氏叩きにはそんな偏向した悪意さえちらついていたのです。

韓国に近い米研究者の罵り

安倍氏への敵意や悪意という点では前述のアレクシス・ダデン氏の非難がもっとも激しく醜い実例でした。しかもその内容には事実のうらづけがない場合がほとんどでした。

ダデン氏は安倍氏が内閣官房長官を務めた2005年ごろから二回の首相就任の時期までの長い期間にわたり、安倍叩きを続けました。

その舞台はエール大学のインターネット論壇、ハフィントン・ポストというアメリカ系の新聞、ジャパン・フォーカスという米日連合のネットメディア、アメリカのアジア研究者たちのチャットサイトのジャパン・フォーラム、あるいはジャパン・タイムズなど多々ありました。

そのダデン女史の代表的な記述の骨子を以下に並べます。なお同女史の安倍氏への言及はほとんど敬称をつけず、呼び捨てだった点も目立っていました。

▽安倍晋三は慰安婦問題の否定など自分のしていることを理解しない点ではアンデルセン童話の「裸の王様」と同じだ。自分の「新しい服」がなにもないことがわからないのだ。

▽日本軍の慰安婦は現代のナイジェリアのイスラム過激派テロ組織「ボコ・ハラム」の女性

略奪に等しいほど残虐に扱われた。だが安倍はその事実を否定するのだ。
▽憲法を変えて日本の軍隊が活動できるようにするという安倍の決意はワシントンの公然たる奨励を得ており、そのことが慰安婦強制での彼の尊大な言明の要因ともなった。
▽安倍は人間にでも動物にでも噛みつく獰猛なミツアナグマ（蜜穴熊）に似ている。どの国にでも攻撃をかけかねない好戦的な人物らしく、韓国側からも猛反対された安保法制関連法の強引な成立がその証拠だ。
▽日本が竹島や尖閣諸島の主権を主張するのは安倍政権の膨張主義でしかない。とくに独島（竹島の韓国名）の主権が韓国に帰属することは明白だ。
▽安倍は慰安婦の強制連行を否定することで日本軍の大規模な戦争犯罪を否定して、ごまかそうとする歴史修正主義者なのだ。その点ではナチスのホロコーストを否定する歴史の隠蔽にも等しい。

こうなると、ダデン氏の言説はもう歴史学者という肩書がウソにみえるほど事実から離反した悪口雑言の類となってきます。

実際にダデン氏は安倍氏のことをはっきりと「安倍はthugだ」と明記したことさえありました。thugというのは、悪漢とか刺客という意味です。別の主張では安倍氏をhooliganだと断じました。この英語は与太者、チンピラという意味です。

ずいぶんとひどいののしりだったのです。

このダデンという人物は当初は日本の歴史を専門とする研究者として日本への留学をも経験したそうです。しかし途中から明らかに韓国に大きくシフトしていきました。

なにしろダデン氏は日本研究で最初にまとめた論文が「日本の謝罪テクニック」という題でした。戦後の日本が過去の戦争行動などを謝罪してきたのは、みなテクニックに過ぎないという前提でした。

そのうえにダデン氏は韓国政府にも近く、政府高官らに対米政策についての助言を与えていました。朴槿恵大統領は国内での独立記念の演説ではあえてダデン氏の名前をあげて、彼女の日本に対する「勇気をもって誠実に過去の過ちを認めるべきだ」という言葉を引用しました。

また朴大統領がアメリカを訪問する際にはダデン氏から事前に政策的な助言を得たことを認めています。

韓国のメディアはダデン氏のこうした自国への貢献を頻繁に報じてきました。韓国側の官民から自国の味方をして日本を糾弾するアメリカ人とみなされ、頼りにされてきたわけです。

ちなみにダデン氏は２０１５年には韓国の著名な思想家の業績を讃える萬海大賞の平和大賞などを受賞しました。その理由は「日本の安倍晋三の歴史歪曲にノーを唱えた」ことだとされました。「極悪非道の人権犯罪への日本の反省こそが韓日関係改善の第一歩だ」とする主張を評価されたとのことでした。

ダデン氏のこのような政治的な活動はどうみても歴史の事実だけを追う真摯な学者や研究者の軌跡とはいえないでしょう。韓国の利益を代弁するような政治的要素をたっぷりと内蔵した安倍非難、日本非難なのです。

このあたりがアメリカでの言論の怖いところです。

アメリカ以外の国が政治的、外交的に日本を傷つけようと意図した際に、アメリカという日本にとって特殊な重要性を持つ超大国の言論やメディアの場で、その糾弾をいかにもアメリカ自体から発信されたように打ち上げることには独特の効果があるのです。

しかも特定の外国との絆がある人物の発信が他のアメリカ側の学者や研究者にウイルスのように感染していく危険も高いのです。

アメリカでの安倍晋三氏への個人攻撃とも響く攻撃の言辞には、この種の政治的要因もあったことは忘れてはならないでしょう。安倍氏のアメリカでの多様な闘いにはこんな側面もあったのです。

NYタイムズへの寄稿

さて安倍晋三氏は2006年9月26日、日本の総理大臣に就任しました。その時期のアメリカでの安倍評といえば、この種の悪口が顕著だったのです。ただし後述するように、この種の安倍叩きはごく少数の人や組織からだけでした。多数派は安倍氏を支持していたのです。

しかしこの種の多数派は静かであり、一方、少数派はやかましく、日本に聞こえてくる声もその種の攻撃的な安倍非難がほとんどでした。

ただし他方、同じこの時期から安倍氏を堅固に支援する層もアメリカの国政の場にも、専門家たちの間にも存在したことは明記しておくべきです。この点については詳しく後述していきます。

さて安倍政権が誕生すると、ワシントンに駐在していた私にとって、びっくりすることが起きました。

かねて私が記事のうえで批判的な対象としてきたニューヨーク・タイムズから連絡があり、「安倍晋三新首相について寄稿論文を書いてください」と要請してきたのです。

具体的には同紙のオプ・エド（Ｏｐ－Ｅｄ）・ページと呼ばれる寄稿ページに安倍氏についての私なりの評価や感想を書いてくれないか、というのです。

オプ・エドというのはエディトリアル（社説）のオポジット（反対側）という意味で、社説ページの反対側の分厚い新聞でも最終ページの寄稿欄です。ニューヨーク・タイムズでも政治的な傾きは別として、ふだんきわめて注視されるページです。アメリカ各界の人々がこぞってこのページへの自論の掲載を狙っている意見発表の場でもあります。

私への依頼はこのオプ・エド・ページのデービッド・シプリー編集長からでした。シプリー氏はかつてビル・クリントン大統領のスピーチ・ライターだったジャーナリストです。直接の面識はそれまでありませんでしたが、共通の知人が何人かいて、その線からの私への寄稿要請だとのことでした。

シプリー編集長は私が安倍新首相の政治歴をよく知り、しかもその実績を前向きに評価していることを認識したうえで寄稿をしてくれ、というリクエストでした。

ではなぜ安倍氏への厳しい論調で一貫してきたニューヨーク・タイムズが私のような意見を求めるのか、という点については、その後のシプリー氏らとのやりとりで、やはり安倍氏が日本の新首相になった以上、もっと光を当てたい、しかもこれまではネガティブな評論が圧倒的に多かったので、ポジティブな、あるいは中立の見解もある程度、載せて、バランスをとりたい、という趣旨の説明でした。

論文の内容はもちろん自由だが、長さは800語ほど、こんご3日間のうちに提出してほしい、という要請でした。私はよい機会だと思い、他の仕事をすべてストップして、2日ほどで記事を書きあげ、送りました。

いざ掲載となると、前段階としてシプリー編集長の下の編集デスクと私と、電話とメールとの両方で一文章ごとに細かな点検をしていく作業となりました。デスクの質問に私が答えていくというかなり厳しいチェックでした。

たとえば「安倍氏は戦後、もっとも若い首相だというが、これまでの最年少は誰だったのか」とか「北朝鮮の最近のミサイル発射というのは具体的にいつの発射を指すのか」という確認の質問です。あるいは文中の「過激な」とか「危険な」という形容詞の根拠はなにか、という問いでもありました。

そんなプロセスを経た私の寄稿論文は２００６年9月30日のニューヨーク・タイムズに掲載されました。オプ・エド・ページの最上段、トップ記事でした。見出しは「誰が安倍晋三を恐れているのか?」となりました。

この見出しは英語では"Who's Afraid of Shinzo Abe?"でした。１９６０年代にアメリカで有名になった舞台劇の「誰がバージニアウルフを恐れるのか」を真似た表現でした。

私のこの記事は翌月10月5日の国際的新聞インターナショナル・ヘラルド・トリビューン紙にも転載されました。

その内容はアメリカ側のこの時点での批判に対して、まず誤認や虚構を正し、安倍氏自身ならこう答えるだろうという諸点を強調しました。この記事を書くにあたり改めて安倍氏に見解を問うようなことはまったくしませんでした。私なりの長年の彼の言動の解釈、さらには私自身に彼が直接もらした考え方などを主体としました。

「誰が安倍晋三を恐れているのか?」

その全文を以下に紹介します。安倍氏とアメリカとの関係に光をあてる見解、さらには安倍氏であれば、こう答えるだろうという指標としての資料のつもりです。

「日本の国会は戦後ではもっとも若い首相として安倍晋三氏を指名した。日本での批判派は安倍氏を『タカ派のナショナリスト』とも呼ぶが、現実には同氏は日本国民の80％近くを占める他の戦後生まれと同様、民主主義の中でのみ形成された人物である。

安倍氏はとくに日本の対米同盟の軌跡によって強い影響を受けてきた。１９６０年、日米安保条約に反対するデモ隊数千人が当時の岸信介首相の私邸を取り囲んだとき、５歳の安倍氏が祖父の岸氏のヒザに座っていたという話はよく知られている。

岸氏は日本をその条約へと導いた人物であり、その選択への反対は激しかった。だが安倍氏は祖父が泰然とし、アメリカとの絆こそ日本国民にとって最善の進路なのだと説き明かしてくれたことを覚えているという。

それから46年後のいまの日本では日米同盟を選んだ分別と同盟が日本にもたらした実益を否定する国民はほとんどいない。そして安倍氏はこの面での子供時代からの体験で長期のビジョンを持つことと、そのビジョンを推進する堅い意思を保つことの価値を学ぶことになった」

以上の冒頭部分で私は安倍氏がたとえ強硬に響く発言をする政治家として警戒されても、拠って立つ基盤はあくまで民主主義だという点を強調したかったのです。

もう一つ、この記事を読むのは当然、アメリカ人ですから、日本とアメリカとの関係の基本、つまり日米同盟の堅持こそ、安倍氏の主張なのだという点を祖父の岸信介氏との逸話によって伝えたかったのです。

記事はさらに続きます。

「ほぼ無名の新人議員の安倍氏は現状維持に対して原則からのチャレンジを重ねることで国民的人気を得るにいたった。90年代はじめ、北朝鮮による日本国民の拉致の追及と、被害者家族への支援で時の政府に挑戦した。その後、中国に民主主義や人権の抑圧に関して批判を表明する最初の日本人政治家の1人となった。

9・11テロ後、安倍氏は日本の国会がアメリカの対テロ戦争への協力を認めるという努力を主導した。これらさまざまな問題への取り組みでは安倍氏は当初は激しい反対にあっても、究極的に国民多数派の強固な支持を勝ち取っていった」

安倍氏は拉致問題への対処などで国民的な人気を得るまでは、当初はその時点での多数派のコンセンサスとも呼べる意見に果敢にチャレンジしていったことは否定できないでしょう。ではどんな問題にどのようにチャレンジしたのか。アメリカの読者にはその具体例の提示が必要だと思いました。そこでまず歴史認識に関する課題を取り上げることにしました。

「日本の戦後の負担の重要部分は戦争中の中国での行動に関連している。日本は敗戦後、東京裁判やその他の軍事裁判の判決をすべて受け入れ、サンフランシスコ講和条約にも署名したが、中国はそうした判決や背後の判断を勝手に膨らませ、判決に矛盾する歴史の見解を強引に押しつけるようになった。

長い年月、日本政府は『歴史を糊塗する』という非難を恐れ、その種の誇大な見解に対し沈黙を保ってきた。

だが安倍氏は日本の間違いや残虐行為への悔恨を明確に表明する一方、中国側の情緒的で裏づけのない主張が拡大していくことに対する日本政府の沈黙に疑問を呈する最初の政治リーダーの1人となった。

彼は日本の戦後の歴代首相が合計すれば20回以上も戦争犯罪などについて中国などに対し、公式に謝罪をしたことをも強調してきた。

安倍氏は自分自身の新政権の優先政策の1つが対中関係の改善だと言明したが、同時に『和解には相互の努力が必要』とも強調している。彼は現在の民主主義の日本をそのまま受け入れる中国を希求しているといえる」

安倍首相の中国への姿勢はこの程度でもアメリカの読者にはわかるだろうと判断しました。しかしさらに重要なのは安倍氏の唱える「戦後の総決算」についてでした。安倍氏はその方針を明確に打ち出した最初の日本の首相だったのです。

この戦後体制とは自国の防衛など国家としての当然の権利を自縄自縛にしてきた日本国の特徴です。国際的な異端ともいえます。

この異端をなくし、総決算する。つまりハンディキャップ国家の制約を減らそうとする安倍氏の主張には日本の内外で「タカ派」とか「ナショナリスト」というレッテルが貼られてきました。

しかし安倍氏の目指したことは日本を他の主権国家と同様にする、つまり自縄自縛でできた国家としての制約を減らし、異端の結果できていた欠陥を埋めるという作業でした。この点のアメリカ側に向けての説明は重要でした。

「日本では戦後ほとんどの期間、国家や民族への帰属の意識は抑圧され、非難さえされてきた。国旗や国歌は公立学校でも排され、自国への誇りの表明さえ『危険』と断じられてきた。

この傾向は日本の方向を間違えた戦前の政府が自国を悲劇的で無謀な戦争へと突入させたことへの反発の結果であることは、まずだれも否定しないだろう。

だが日本のこの国家否定の傾向は極端にまで走りすぎてしまった。いま安倍首相下の新政権は国民多数の支持を得て、振り子をこの一方の過激な極から真ん中へと戻そうとしているのだ。安倍氏への『タカ派のナショナリスト』というレッテルは欧米のメディアのいくつかによっても使われるようになったが、そのレッテルは20世紀の旧態が終わったことや、日本の堅実な民主主義を認めることに難色を示す人たちによって使われているようだ。

同時にそのレッテルは安倍氏が最近までタブーとされた日本の戦後憲法の改正に取り組もうとすることからも派生しているようだ」

この憲法改正への言及は当然ながら超重要でした。安倍氏の最大の特徴の一つは憲法改正の意図を早くから明確に表明してきたことです。新首相としてのその決意の明示も歴代首相のなかでは特別でした。だがその背景となる日本憲法の特殊性をアメリカ側に向けて説明するのは容易ではありません。このあたりは苦労して以下の記述を書きました。

「安倍政権の憲法改正は日本の国家安全保障の機能に大きく開いたいくつかの穴を埋めることを意図している。

アメリカの占領軍が起草した日本の憲法は日本に対し軍事強国としての復活を防ぐために適切な制約を押しつけた。だがそれら制約はいまや日本の正当な国家防衛や平和維持活動までも阻害するようになった。

イラクに平和維持部隊として送られた日本の自衛隊は憲法の制約で戦闘は一切、できないため、オランダやオーストラリアの軍隊に守られねばならなかった。

日本はまた同盟相手のアメリカの軍隊や民間人が攻撃されても、日本領土以外ではどこでも支援をすることができない。北朝鮮の最近のミサイル発射や中国の日本領海、領空への軍事侵入を含む軍拡は日本国民の脆弱意識を深め、憲法改正への支持を高めている」

ここまで書いてくると、英語での800語、日本語だと400字詰め原稿用紙5枚という程度の長さではおさまりきれなくなります。結語に入らねばならない。結語はあくまで前向きにすることは自明に思えました。

「安倍首相は祖父の助言を守る形で日本の将来の防衛を日米同盟の枠内で堅固に保っていくだろう。アメリカ国民は共和党、民主党の別を問わず、いま人気の高い日本の新首相が完全に現代的で率直な、そして信ずるに足る友人であることを知るだろう」

私の寄稿論文は以上でした。安倍叩きに走るかにみえたニューヨーク・タイムズがこの寄稿を大きく、しかも丁寧に掲載したことは大手メディアの公平性の証しなのか。

自画自賛になるかもしれませんが、この記事に対して少なくとも私自身のところには多数の前向きな反応が寄せられました。

第四章

中国系反日組織とNYタイムズ米慰安婦報道

米下院の対日非難決議

安倍晋三氏へのアメリカでの攻撃はさらに続きました。

安倍氏は２００６年９月に初めて首相になったとはいえ、わずか一年で辞任しました。年来の持病とされた難病のためでした。しかし安倍氏はその難関を克服し、５年後に再び総理大臣に返り咲きます。そして記録破りの長期政権となるわけです。

ですがアメリカでは一部の勢力による執拗な安倍叩きは、この二回の首相在任の期間にわたり続きました。いや正確には首相再任の期間の前半まで、といえます。後半ではアメリカの左派からの安倍氏攻撃はほとんどなくなり、逆に賞賛が広がっていったのです。

しかし日本の戦後の最年少の首相となったときの安倍氏へのアメリカでの誹謗はなお続いたのです。その点では私が前章で自画自賛のように紹介したニューヨーク・タイムズへの寄稿もそれほどの効果はなかったといえるのかもしれません。

何度も述べるように、アメリカでの安倍氏への反応は多様であり、強い支援や信頼もあったのです。ただ抗議と支援とではどうしてもその声高な抗議の言動だけが表面に出て、堅固な支援は静かな場合が多い、とはいえるでしょう。

首相になってからの安倍氏に対するアメリカ側の批判は二つの課題をめぐって勢いを増しました。第一は慰安婦問題、第二には靖国神社参拝をめぐる問題でした。

まずこの章では慰安婦問題について報告します。

日本軍のための戦時中の慰安婦のあり方が改めて日本非難、安倍晋三非難となって燃え上がった経緯は前章で説明しました。

この慰安婦問題は安倍氏が初めて首相になったその直後からアメリカを舞台に新たな展開をみせ始めました。具体的な動きとしては安倍氏の初の首相就任から4ヵ月後の2007年1月にアメリカ連邦議会の下院に慰安婦問題に関して日本政府を糾弾する決議案が出されたことが発端です。

この決議案は正式には「従軍慰安婦問題の対日謝罪要求決議」と題されていました。その内容は以下の骨子でした。

「日本政府は1930年代から1945年の終戦時まで、アジア各地で日本軍将兵の性的奴隷とするために若い女性を集団的に強制連行して、集団強姦や強制流産、身体切断など性的暴行を働かせ、その残虐性と規模は20世紀最大の人身売買ともなった。

だが日本政府は謝罪も賠償もしていないためその謝罪と賠償を求める」

こんな内容はいまとなっては一読して、虚構だとわかります。だが当時は日本側からのきちんとした反論も否定も出ませんでした。

この決議案は下院外交委員会に付託され、その審議のための公聴会も開かれました。2007年6月26日には外交委員会でこの決議案は採択され、下院の本会議へ回されました。

そして本会議で7月31日に可決されました。

ただしこの可決も下院の最終審議では全議員４３５人のうちわずか10人程度が出ただけで、発声で賛否を問うという軽い採決でした。とくに反対の声がないので、全員一致での可決とされました。

日本にとっては屈辱的な事態でした。ただしこの決議は拘束力を持っていませんから、日本側はとくになにもする必要はない。謝罪も賠償もする義務はなかったのです。しかし日本国をこんな人道主義上、恥ずべき強制連行とか集団強姦の実行者だと断じることは日本にとっての国辱でした。

しかも無実の濡れ衣だったのです。そんな不当な攻撃が日本のもっとも信頼すべき同盟国のアメリカの立法府から発せられるというのは深刻な出来事でした。

第三章でも説明したように、戦時中の慰安婦は確かに日本軍将兵にセックスを提供していました。売春行為自体が悪とされる現代の基準では倫理的な悪だったといわれても仕方ないでしょう。ただし当時は売春自体が合法でした。しかも日本だけでなく他のほとんどの諸国で公的な売春さえ認められていたのです。

しかしアメリカ議会に出されたこの決議案は日本に対して以下のような非難を事実としてぶつけていました。

「日本の軍や政府が一般女性を強制連行して売春を強制した」
「日本軍や政府はアジア各地で体系的に一般女性を捕らえて、無理やりに売春婦にした」

「その女性たちは日本軍の性的奴隷であり、総数は20万人に達した」

こうした糾弾の核心が事実ではなかったことはいまでは明確となっています。

この決議案はそんな非難を基礎にして日本政府に対し以下の諸点を求めていました。

「多数の女性たちを『慰安婦』として強要した責任を認める」

「公式に謝罪する」

「性奴隷化、人身売買を否定する声に日本政府が明確に反論する」

「この出来事を自国民に対し知らせ、教育を実施する」

虚構に基づく、とんでもない要求だったのです。

マイク・ホンダ議員と中国系反日組織

この決議案を下院に出したのは日系アメリカ人3世のマイク・ホンダ議員でした。民主党リベラル派とされるホンダ議員は日系人にはきわめて珍しく先祖の国の日本を仮借なく攻撃したのです。しかも事実ではない主張によって日本を人道主義の欠けた残忍な国として糾弾したのです。その最大の標的は当時、首相だった安倍晋三氏になっていきました。

このホンダ氏の背後には中国政府との絆の強い在米の中国系団体が密着していました。韓国系の勢力はむしろ脇役という感じでした。その反日連合体には第三章などで紹介したアメリカの女性活動家アレクシス・ダデン氏らも加わり、ホンダ議員を助けて、日本を激しく叩いていました。

このダデン氏らにはワシントンで小さなアジア系反日団体を運営する活動家のミンディー・カトラーという女性が密着していました。そのダデン、カトラーという2人のアメリカ人女性活動家がホンダ議員の動きを支援しながら、安倍晋三氏への口汚い誹謗を繰り返していったのです。

安倍氏はアメリカという舞台で中国政府系勢力の攻撃の標的になったともいえます。ホンダ議員の慰安婦問題での日本糾弾は長い年月、中国系の反日組織に指導され、資金までを得ていたのです。

この団体の正式の名称は「世界抗日戦争史実維護連合会」です。中国語の名称がそうなのです。長たらしい名称なので、ここでは以下、「抗日連合会」と省略することにします。

抗日連合会は、公式には1994年に全世界の華僑、中国系住民によって結成された国際規模の組織だとされていました。本部をカリフォルニア州クパナティノ市に開いていますが、現実には中国の政府や共産党と密接な絆を保つ反日組織なのです。ただし本部がアメリカだから、アメリカの団体とみなされたわけです。

抗日連合会をあえて「反日」と呼ぶのは同連合会自身が国際規範に合致しない日本叩きをその活動の主体として宣言しているからです。その活動目的として「日本は戦争中の中国での残虐行為に対し、ドイツと異なり、謝罪を表明したことも、悔いを表明したこともないため、その謝罪や賠償を追求する」と断じているのです。

つまり日本の戦後の講和条約での謝罪や賠償も一切、認めないのです。戦後の独立国としての日本の出発の基盤を認めないのだから、その活動は反日と定義づけるほかにないでしょう。

しかも日本軍将兵が戦後、各地で戦争犯罪の責任を問われて、裁判にかけられ、死刑や長期の懲役刑に科せられたことも、無視しているのです。

抗日連合会は日本非難に関しては他の案件でも中国共産党政権と密接に結びついてきました。その一例として同連合会は2005年春、中国政府の意を体する形で日本の国連安保理常任理事国入りの動きに反対する大キャンペーンをグローバル規模で展開しました。

あっというまに全世界で合計4200万人からの反対署名を集めたと宣言しました。その作業は中国共産党の機関紙の人民日報でも大きく報じられ、署名の名簿は当時の国連事務総長に提出されました。

アメリカ国内では抗日連合会は1990年代から日本の「戦争犯罪」や「残虐行為」を宣伝し、非難する政治集会を頻繁に開いてきました。1997年から98年にかけては、アイリス・チャン著の『ザ・レイプ・オブ・南京』という本の宣伝や販売に総力を投入して、同書を全米ベストセラーにまで押し上げたこともありました。

アイリス・チャンというのは中国系アメリカ人の女性ジャーナリストでした。ほぼ無名の人物でしたが、突然のように「日本軍の南京での大虐殺」をテーマとした本を出したのです。その内容は誇張また誇張、そして虚構でした。ですが抗日連合会の全面的な支援により全米で話題となったのです。

その抗日連合会は90年代からカリフォルニア州の州会議員だったマイク・ホンダ氏と日本非難の共闘を続けてきました。ホンダ氏はこの中国系団体に管理された操り人形のようだったのです。同連合会の創設者の一人、中国系米人のイグナシアス・ディン氏は99年にカリフォルニアの新聞に以下のように語っていました。

「私はマイク・ホンダ氏とともにカリフォルニア州議会に出す決議案の草案を書いた。日本の南京大虐殺、731細菌部隊、米人捕虜虐待問題、慰安婦強制徴用問題など日本の『戦争犯罪』を追及し、その責任を問う意図の決議案だった。この決議は州議会では採択され、ホンダ氏との共闘は成功した」

ホンダ氏はカリフォルニア州の州会議員のときに、この抗日連合会と提携して、州内で日本の戦時の行動を非難する集会をたびたび開いていました。そしてその趣旨の決議案を州議会に出して、採択させたのです。

ホンダ氏はその採択の翌年の2000年にこんどは連邦議会への立候補を宣言し、当選しました。そのプロセスでは抗日連合会の幹部たちから多額の選挙資金の寄付を受けていました。ホンダ氏は名実ともに、抗日連合会の代理人として連邦議会の下院へと送りこまれたといえるのです。現に抗日連合会の本部のあるカリフォルニア州のクパナティノはホンダ議員の選挙区内だったのです。

ホンダ議員が主導して下院に出した日本非難の決議案の記述も、先のディン氏の言葉のように抗日連合会が再三、発表してきた日本糾弾の記述とまったく同じ表現や言葉が多かったのです。

ホンダ氏は連邦議会下院の議員になってすぐ支持母体の抗日連合会の意図そのままに、日本政府を非難する慰安婦決議案を提出しました。２００１年でした。だが外交委員会に出されただけで、本会議に届かず、消滅しました。

しかしホンダ議員はまた同じ決議案を２００３年に提出しました。結果は同じく、その議会の会期では廃案でした。ところがさらに同議員は２００６年にも同じ慰安婦決議案を出しました。そしてまた廃案でした。

こんな結果の理由はこの期間、下院の多数派は共和党だったことでした。共和党は民主党にくらべて現在の同盟国の日本の扱いは丁重なのです。だから同盟国叩きのこの決議案には反対でした。

しかも時の政権の国務省もこの種の戦争がらみの課題はすでに対日講和条約で解決済みという立場をとっていました。だからホンダ決議案には反対でした。

それでもなおホンダ議員はあきらめず、同じ慰安婦決議案をまたまた２００７年１月に下院に出したのです。まったく同じ内容の決議案の第４回目の提出でした。この時期の下院は民主党が多数となっていました。前年の中間選挙で下院の少数派、多数派が逆転したのです。ホンダ議員にとっては初めての絶好のチャンスでした。

日本ではこの慰安婦決議は安倍首相が登場して、慰安婦の強制連行などを否定し、過去の歴史問題に対して強固な態度をとるようになったため、アメリカ側の一部勢力が反発した結果だ、などと推測されていました。しかし現実はまったく異なるのです。

在アメリカの中国系組織がマイク・ホンダというその影響下の人物を使って、１９９０年代から10年以上もの長い時間をかけて、一貫して進めてきた日本叩きの工作だったのです。その反日工作に対して日本の政治家では初めて正面から反論したのが安倍晋三氏だったのです。

ＮＹタイムズ・東京支局長の偏向報道

慰安婦問題でのアメリカ側の当初の反応は非難が慰安婦問題の非人道的な側面そのものよりも、安倍首相の言明にむかってぶつけられた点が奇妙な特徴でした。

２００７年1月末にホンダ議員によって決議案が下院に提出されても、アメリカのマスコミも、識者も、だれもなにも論評しませんでした。2月15日の下院外交委員会の小委員会が開いた公聴会で元慰安婦だという女性らが証言しても、なおマスコミ報道は全米レベルでは皆無に近かったのです。

新聞では、ホンダ議員の地元のサンノゼ・マーキュリー・ニューズ紙が簡単に報じた程度でした。学者や評論家のコメントはまったく出ていません。アメリカ側がこの慰安婦問題自体に真剣な関心を抱いたという形跡はどこにもなかったのです。

それが一変したのは3月1日に安倍首相が日本人記者団の質問に答えたコメントがニューヨーク・タイムズなどによって報道されてからでした。

安倍首相は官邸でまず河野談話について「強制性を証明する証言や裏づけるものはなかった。だからその定義については大きく変わったということを前提に考えなければならない」と述べました。「強制性」とは明らかに日本軍が組織として女性たちを強制徴用することを指しての言葉でした。

この「強制」の有無こそが慰安婦問題の最大のカギだったのです。

ところがニューヨーク・タイムズは安倍叩きで知られるノリミツ・オオニシ東京支局長の記事で安倍発言を「安倍首相が性的奴隷への日本軍の役割を否定した」という趣旨で報じました。つまり首相が慰安婦への日本軍のかかわり一切を否定したかのように報道したのです。日本軍が慰安婦や慰安所に「関与」していたことは明白でした。日本側のだれもそれを否定はしていません。安倍首相らは日本軍の組織としての徴用での「強制性」を否定しただけだったのです。だが首相が軍の関与までを否定したとなれば、アメリカ議員でなくても反発し、憤慨するでしょう。

だからこの報道、というよりも虚報はアメリカ議会で慰安婦決議案に反対だった議員までを賛成に転じさせる効果を発揮しました。こうしたゆがめ報道の背後には明らかに安倍首相の政策や思想への反発が浮かびあがっていました。

ニューヨーク・タイムズはこの記事の5日後の3月6日付の社説で安倍攻撃をエスカレートさせました。「慰安婦ではない」と題する同社説は以下のような書き出しでした。

「日本の安倍晋三首相は『日本軍の性的奴隷』のどこを理解できず、謝罪ができないというのか。基礎となる事実はもう長い間、まじめな論議の対象となることをとっくに終えている。第二次大戦中、日本軍は朝鮮半島のような日本の植民地から連行されてきた女性たちが日本兵たちに性のサービスを供することを求められる施設を設置した。

それらは売春宿ではない。有形無形の暴力が女性の徴用には使われた。施設で実行されたのは連続レイプであり、売春ではなかった」

この社説は、安倍首相の言明が事実をゆがめ、日本に不名誉をもたらす、と非難していました。社説は次のようにも安倍首相を批判していました。

「安倍首相は日本の傷ついた国際的評判を修復することよりも、恥ずべき慰安婦問題を健全な民間の商業活動だと主張する自民党内の強大な右翼派閥に迎合することに気を使っているようだ」

こうしたニューヨーク・タイムズの一連の社説や報道は、日本が慰安婦問題について長年、「虚偽」を続け、「責任も非も認めず」、「完全な謝罪もしていない」として、それらのすべてを安倍首相のせいだと総括していたのです。

これらの点をみただけでも、その姿勢は事実関係を大きく曲げて、安倍晋三という政治家一人に攻撃の焦点をしぼるという偏向報道でした。その基調は慰安婦問題に関して中国側やホンダ議員の一方的な主張を無条件に支持するという姿勢でした。

ニューヨーク・タイムズはさらにダメ押しの形で２００７年３月８日付一面に「安倍首相の否定が第二次大戦中の日本軍の性的奴隷たちの傷口を再び開ける」という見出しの大きな記事を掲載しました。

これまたオオニシ記者による記事でした。「安倍首相の発言に憤激した犠牲者たちは虐待を改めて告げる」という副見出しがついていました。記事には以下の記述がありました。

「安倍首相は女性たちの性の奉仕への強制について軍の役割を否定した。この結果、長い間、くすぶってきた日本の戦時中の性的奴隷の問題は新たな重要性を帯びることとなった」

「日本の戦争の過去を軽視してみせることで政治的な実績を築いていたナショナリストの安倍氏は、このコメントでアメリカ議会下院に出ている慰安婦決議案に勢いを与える結果を招いた」

とにかく安倍氏が悪いというのです。その安倍発言については「軍の役割の否定」と総括しています。安倍氏がさんざん説明している「軍の強制徴用」と「軍の関与」の区別にはまったく触れず、あえて不明確にしているのです。安倍首相がまるで慰安婦の存在すべてを否定しているかのような筆致でした。

まるで邪悪な伝染病

そこで描かれる日本の首相のイメージは「過去の悪の全面否定」、つまり「日本軍の関与さえも否定する非道な歴史修正主義者」となってきます。まさにこのイメージこそがアメリカの他のマスコミや識者たちの関心をあおったといえます。

だからアメリカでの日本糾弾の火をつけ、炎をあおったのはあくまで慰安婦問題自体ではなく、慰安婦決議案でもなく、ゆがめられ、誇張された安倍発言報道であり、その発言を激しく攻撃する安倍叩きだったのです。

そしてその背景には安倍政権との間で安全保障のきずなを強め、日本が「普通の国」になることを奨励するブッシュ政権への非難が存在しました。アメリカの主要マスコミは大多数が民主党リベラル系で、共和党保守のブッシュ政権には厳しい反対の姿勢をとることも、明らかにこの種の非難を大きくする要因となっていました。

その結果、アメリカの他のマスコミにもきわめてネガティブな評論や報道が載るようになりました。まるで邪悪な伝染病のようでした。

ニューヨーク・タイムズ社が経営するリベラル系のボストン・グローブは2007年3月8日付の社説でこの問題を取り上げ、論評しました。「『すみません』と言えない日本」という見出しでした。

冒頭の記述は以下のようでした。

「日本の安倍晋三首相は１９３７年から１９４５年までの間、日本軍が征服した各国で女性たちを性的奴隷へと強制徴用したことを否定し、この人道に対する犯罪への公式の謝罪の表明を拒否することで、なお生存している『慰安婦』たちの蒙った古傷に新たな侮辱を与えた。彼はさらにアジア諸国やアメリカの同盟相手たちの間に日本に対する憤慨や不信を復活させた」

なんともひどい主張でした。この社説は、安倍首相がこういう態度をとると、北朝鮮による日本国民の拉致の事件も解決が難しくなる、とまで主張していました。さらには北朝鮮の核兵器開発問題の解決にまで悪影響が及ぶ、という点をも強調していたのです。

そして最後の部分で次のように書いていました。筆者が興奮したのか、安倍氏に対する敬称もなくなっています。

「安倍はアメリカ議会の決議案は客観的な事実に基づいていないと主張する。だが彼は十分に確立された歴史上の真実を認め、謝罪し、なお生存する犠牲者たちに公式の損害賠償をすべきである」

この社説が使う「十分に確立された歴史上の真実」という表現は象徴的でした。具体的な根拠のない断定だったからです。安倍首相が問題にしたのは「日本軍による組織的な強制徴用」でした。

しかしアメリカ側のこの種の論評はその検証にはまったく触れず、「確立された歴史上の真実」という意味がありそうで意味のない表現ですませていたのです。そしてただただ安倍首相や、首相を支える「自民党内の右翼」に対し道義の説教をしていたのです。

ニューヨーク・タイムズは安倍首相が推進した日本の戦後の無抵抗平和主義からの脱却、つまり「普通の国」への前進に強く反対だったのです。とくに第二代ブッシュ政権が安倍政権のそうした前進を奨励していることに猛反対でした。ブッシュ叩きが安倍叩きと重なりあっていたのだといえます。

そうした素地があるところに安倍首相の慰安婦に関する日本の軍の強制徴用否定の発言が出たから、待ってました、と飛びついた、ということでしょう。

しかもその過程では安倍首相の「軍による強制性否定」を「軍による関与否定」にまで広げ、その区分をあえて曖昧にして、安倍叩きキャンペーンへと拡大していったのです。

日本が「普通の国」になることがなにより嫌いなニューヨーク・タイムズは安倍首相の憲法改正や防衛力整備への動きを「危険なタカ派的軍国主義」と特徴づけ、慰安婦問題での安倍氏の態度もその枠内に押し込めようとしたのです。

カリフォルニア州の地域新聞サンノゼ・マーキュリー・ニューズもニューヨーク・タイムズに追従するような主張を表明しました。この新聞はホンダ議員の地元の新聞です。

同紙は２００７年３月７日付で「恥ずべき性的奴隷の否定は叱責を招く」と題する社説を掲

載しました。内容は以下のようでした。

「第二次大戦中、日本は20万人にも及ぶ女性を奴隷化した。そのほとんどは朝鮮人であり、彼らはみな日本軍部隊の軍事的娼家で売春婦として働くことを強制された。これら犠牲者に対し、日本の閣僚の一人は1993年に曖昧な謝罪を表明し、数少ない生存者たちを助けるために民間の基金が設置された」

「しかし先週、日本の保守的な首相の安倍晋三はそのすべてを覆した。『強制を示す証拠はなにもない』と言明したのだ」

「歴史をごまかそうという安倍の無恥で非道徳な試みは日本にアジア近隣諸国からの敏速な糾弾を浴びさせた。ブッシュ政権はより慎重だが、それはおそらく自分たちの（イラク戦争などでの）戦争捕虜の疑わしい扱いのせいだろう」

「消息通は安倍が国内で低下してきた自分の人気をまた上げるために、アメリカに対し反抗してみせているのだ、ともみている。4月末にはアメリカを訪問する予定の安倍は下院の決議案が『客観的な事実に基づいていない』とも宣言した。だが事実の認識に支障があるのは日本側なのだ。アメリカ議会は歴史の講義を日本側に与えるべきだ」

同盟国の首脳を「無恥で非道徳」と呼び、日本全体に「歴史の講義を与える」と宣する傲慢さは、まさに自分たちを特別の高所において道義や倫理の講釈をするという構図を明示していました。

しかしその大前提は明らかに「日本軍が組織的、政策的に20万人もの女性を強制徴用し、セックスの奉仕を強いた事実を安倍首相がいまや全面否定している」という認識でした。だが肝心の「日本軍の組織的な強制徴用」の主張は、日本側の否定に対し、反駁するなんの根拠も示していませんでした。そもそもきわめて具体的な20万人という数字にもなんの根拠もなかったのです。

ただ一人の反論

同種の日本批判や安倍非難はロサンゼルス・タイムズ、ニューヨーク・ポスト、ニューズウィークなどにも掲載されました。みな「日本軍による組織的な強制徴用」という前提は同じで、その虚構を否定する安倍首相の言辞は人道にもとる、という趣旨でした。きわめて安易な説教でした。「殺人は悪である」というようなものでした。

だがどの社説やコラムも出発点であるはずの「日本軍による組織的な強制徴用」を証することはできませんでした。その断定の適否を論じる姿勢さえもツユほどもみせなかったのです。その理由はきわめて簡単でした。「日本軍による組織的な強制徴用」などという事実はなかったからです。

安倍首相の波紋を広げた発言報道から3週間以上が過ぎた3月24日には、ワシントン・ポストが「安倍晋三の二重言語」と題する社説を載せました。副題は「安倍は北朝鮮の日本人（拉致）犠牲者に対しては情熱的だが、日本自身の戦争犯罪には盲目的だ」となっていました。

主見出しの二重言語、つまり「ダブル・トーク」という表現は言葉を相手次第、状況次第で使い分けることを意味します。なにかをごまかそうとする言葉づかいという意味だともいえます。日本の一部通信社はこれを「二枚舌」と誤訳していました。そのままだとウソつきという意味になります。だが原語にはまるっきりのウソつきという意味はありませんでした。いずれにしても他国の総理大臣に浴びせる言葉としては非礼きわまります。

その社説には次のような記述がありました。

「奇妙かつ不快なのは日本の第二次大戦中の数万の女性たちの拉致、レイプ、そして性的奴隷化への責任の受け入れを後退させる安倍のキャンペーンである。安倍氏はアメリカ議会の謝罪要求の決議案に対して3月中に二回も、日本軍が女性の拉致に参加したことを証する書類はないとする声明を出したのだ」

ここでは「日本軍の女性拉致への参加」という表現が使われていました。「日本軍の組織的な強制徴用」からは一歩、下がった記述だといえましょう。でもそれでも事実に反する記述でした。

社説はその表現の論拠らしい唯一の記述として、以下のように書いていました。

「歴史家たちは朝鮮、中国、フィリピン、その他のアジア諸国からの女性20万人もが拘束され、日本軍がその拉致に参加した、と述べている」

「歴史家たちが述べている」というのはなんとも論拠の薄弱な記述でした。

何度も繰り返しますが、この問題での最大ポイントはあくまで「日本軍の組織的、政策的な強制徴用」が事実か否かでした。決議案は「日本帝国軍隊が若い女性を強制的に性的奴隷化した」と明記し、その女性の人数として20万という数などを指摘していたのです。しかしその根拠はなにもなかったのです。

だが決議案を審議する下院外交委員会のアジア太平洋小委員会の公聴会でもその虚構の前提は各証人や議員たちにより再三、繰り返されました。

2007年2月15日の同公聴会で議長役を務めたエニ・ファレオマバエンガ代議員（民主党・サモア選出）が冒頭で次のような発言をしました。

「アメリカ軍の歴史のどこをみても、軍の政策として若い女性たちを性的奴隷とか強制売春に強制徴用することを許容したことはない。そうした強制こそ、まさに日本軍がしたことなのだ。いかなる政府もそのことを矮小化するのは真実への冒涜となる」

日本軍による若い女性の強制連行こそが日本側の最大の悪行だったというのです。だがそんな事実はなかったのです。安倍氏はその趣旨を淡々と述べただけだったのです。いまからみれば当時のアメリカ側の主張の間違いを立証する事実は山のように存在しました。

日本政府の一貫した「軍や政府による集団の強制連行の証拠はどこにもない」という言明、日本の官憲が韓国の済州島で地元の女性たちを集団で連行したという「証言」は虚偽だったと判明した吉田清治報告、慰安婦強制連行の長年の報道を撤回した朝日新聞の誤報自認、慰安婦は性的奴隷ではなく契約による売春婦だったという根拠を示したハーバード大学のマーク・ラムザイヤー教授の学術論文……など証拠は数え切れません。

このように真実を明示する山のような証拠の数々は当時でも日本側が表示しようと思えばできたのです。しかし日本の政府も学者もアメリカ側の虚構の糾弾に対して誰も公式には反論しませんでした。日本側でただ一人、反論したのが安倍晋三氏だったのです。

しかも安倍氏は当時の首相ではあってもその発言は非公式でした。日本政府としての公式のアメリカへの反論はなかったのです。安倍首相が日本側の記者たちに歩行途中などに問われて答える非公式の言明に終始していました。記者たちによる、いわゆる「ぶら下がり」と呼ばれる非公式の質疑応答でした。だから説明を丁寧につくす余裕がない場合がほとんどでした。

そのうえに当時の日本側には政界、学界、メディアいずれの分野にも慰安婦問題に関しては中国や韓国の非難をそのままオウム返しに繰り返す勢力が多々、存在していました。

アメリカ議会の日本糾弾決議案に賛同し、その決議案に反対する安倍氏を逆に批判する日本人も少なくなかったのです。安倍氏に対しては弾丸は背後からも飛んできたのです。

それから10数年、誰が正しかったのか。安倍氏の主張こそが真実だったことは、いやというほど立証されました。いまさらながらアメリカや中国、韓国の虚構の非難に対して、単独となっても正々堂々と戦った安倍氏の偉業は賞賛されるべきです。

めちゃくちゃな主張が広がった

しかし慰安婦についてのその真実は実は当時の下院外交委員会の公聴会でも実証されていたのです。

この公聴会に証人として登場した元慰安婦だったという3人のうち、自分が日本軍に連行されたと証言したのはオランダ人女性のジャン・ラフ・オハーンさんだけでした。証言時に84歳だったオハーンさんは1944年に日本軍がオランダの支配を排して占領していたインドネシアの抑留所で「日本軍将校に連行され、無理やりに慰安所で性行為を強要された」と証言しました。

ところがこの連行はごく一部の日本軍将校が上層部の命令に逆らって勝手に女性たちを集めていた例外中の例外だったのです。連行された女性の父親が当時の現地の日本軍司令部に抗議して、同司令部はただちにその女性たちの解放と、その慰安所の閉鎖を命令しました。日本軍は組織として慰安婦に女性たちの意思を無視して徴用してはいけないと明確な命令を下部に出していたことがここでも確認されていたのです。

この出来事はスマラン慰安所事件という戦争犯罪事件として知られていました。戦後すぐにオランダ当局がその違法連行の責任者として日本軍の軍人と軍属計11人を逮捕して裁き、死刑や長期の懲役刑が確定しました。主犯格の元日本軍将校は自殺しました。

この事件で日本軍全体としては女性の強制連行は禁じていたことが証明されたのです。しかもその命令に違反した当事者たちは厳罰を受けていました。

だが２００７年のアメリカ下院の公聴会ではそんな経緯はすべて隠され、単に「日本軍に強制連行されたオランダ女性」という点だけが宣伝されました。事件としてはすでに裁かれていたことも隠されたままだったのです。いかにも未解決の事件のように提示されたのでした。

英米の法律の執行では一事不再理という大原則があります。一度、裁かれた違法行為などはもう二度とは訴追や審理はされないという原則です。この元慰安婦だったというオランダ女性の事件はまさにこの一事不再理に違反していました。

アメリカ側のこんな空気のなかで安倍叩きはさらにエスカレートしていきました。

「安倍が慰安婦の『強制徴用』を否定するのは、日本軍を合憲の軍隊として復活させるために旧日本軍の記録をごまかす企図なのだ」――

こんな趣旨の「解説」にはびっくりしました。２００７年春、例の安倍叩きのチャンピオンだったアレクシス・ダデン氏が学術を名乗るサイトに載せた記事でした。

以下の内容が続いていました。

「焦点は強制に関する事実ではなく、安倍が『強制』の意味を切り替えたことと、この言葉を論じることの忌避を最近、決めたことの理由である」

「１９４７年の憲法を変えて日本の軍隊が活動できるようにするという安倍の決意はワシント

ンの公然たる奨励を得ており、そのことが慰安婦強制での軍隊の歴史的役割に関する彼の尊大な言明の要因ともなったことは疑いない」

つまり安倍首相が日本軍による慰安婦強制徴用の事実はないと述べるのは、憲法改正や日本軍復活が目的であり、理由だというのでした。しかもその動きはアメリカ政府の奨励を得ていることがけしからん、というのです。

安倍氏が憲法改正を意図してきたことは公然の事実ですが、そのために慰安婦に関する発言をした証拠はどこにもありません。そんなことは日本では安倍非難の勢力でさえ、簡単に認めるでしょう。そもそも時系列的にみても、ダデン氏の主張には根拠はなかったのです。事実関係でも相関関係でもめちゃくちゃの主張でした。

しかしこの種の安倍氏糾弾がアメリカの地方のメディアにまで広まった結果、それまでこの慰安婦決議案に反対を表明していたアメリカ側の国務省がもうこの件は放置という態度へと変わりました。

安倍首相自身もこの時期にアメリカ訪問を計画していたので、それまでの強固な姿勢をやや和らげて慰安婦だった人たちや軍の売春への関与自体には一種のお詫びの言明を出しました。しかし最大の焦点の「軍による強制連行」などは決して認めませんでした。それでもなおこの慰安婦決議案はアメリカ議会下院本会議で可決されてしまいました。

米テレビ番組での一問一答

しかしアメリカ側での日本の慰安婦問題でのこれほど一方的な安倍叩き、日本叩きの嵐のなかでも、例外はありました。日本側の主張をじっくり聞き、その骨子を紹介しようという姿勢のメディアもあったのです。

私自身がその日本側の主張を問われ、語るという役割を与えられました。その時期は慰安婦決議案がなお下院で審議されていた2007年5月でした。

全米各地にネットワークを広げるPBS（公共放送網）系のテレビ番組に招かれてインタビューを受けたのです。インタビューをしたのは著名なジャーナリストのファリード・ザカリア氏でした。同氏はニューズウィークの編集長などを務め、いまもワシントン・ポストなどにコラム記事を頻繁に書いています。

同氏は政治的にはリベラル派、インド系アメリカ人です。当時、PBSに定期の対談番組を持っていて、日本の慰安婦問題をテーマとして私との一問一答でした。

このテレビ番組は全米で広範に視聴されました。そしてその内容は象徴的だといえます。おこがましいですが、まず12分ほどの番組で私が日本側の実態、さらには安倍首相の主張をアメリカ側に向かって、わりに詳しく解説するという機会になりました。

同時にファリード・ザカリアという有名な国際問題評論家がこの慰安婦問題の基礎に関する事実関係の認識では驚くほど無知だったこともわかりました。ただしザカリア氏はインド系という背景のせいかどうかはわかりませんが、一般のアメリカのメディアの代表としては日本側への理解や同情はかなり強いと感じさせられました。少なくとも日本側の主張をじっくりと聞き、アメリカの一般国民にそれを客観的に伝えようという姿勢だったのです。

その内容を紹介しましょう。

ファリード・ザカリア　安倍晋三首相が「第二次大戦中に日本軍が軍事売春施設に女性を強制徴用したことを示す証拠はない」と述べ、アジアから、さらに世界的な怒りを招いたようです。いわゆる「慰安婦」の存在をどう認め、どう謝罪するかは日本とその強力な隣接諸国の中国や韓国との関係改善への大きな障害要因になっているといえます。

この切迫した課題をもっと密接に考えるため、本日は日本の産経新聞の古森義久さんをお招きしました。

古森さん、安倍首相はなぜそうした言明をせねばならなかったのですか。

古森義久　安倍氏はかねてから日本軍が政策として戦時中のアジアで若い女性を強制徴用したことはないと主張してきました。インドネシアなどで日本軍の一部将兵が上層部からの命令に背く形で、地元の不運な若い女性たちを強制的に連行した個別のケースは存在しました。しかし日本軍全体が軍当局の方針としてそんな行動をとったという証拠はなにもありません。安倍首相はそのことを述べたのだと思います。

ザカリア　しかし関わった女性の人数、そして規模はなんらかの形の組織的な努力があったことを示しています。女性たち自身も無理やりにそういうことをさせられたとか、日本軍当局に選別されたという意味の主張をしています。だからなにか組織的、あるいは制度的な側面が日本軍の方針にはあったと思うのですが。

古森　軍隊のための売春施設の管理に関して組織的な関与、あるいは組織的な運営があったことは日本政府も、民間の関係者も認めています。しかしその売春はあくまで任意が基礎となっていました。

ザカリア　任意というのは日本軍将兵たちが任意であって女性たちはそうではなかった?

古森　いえいえ、女性たちの行動は任意あるいは自発的だったということです。あなたは驚くかもしれませんが、当時、軍のいわゆる慰安婦を募集する広告が新聞などに頻繁に出ていました。募集だったわけです。

ここで明らかにしておかねばならないのは当時、悲しいことながら、売春は合法でした。しかも日本だけではありません。女性たちと日本軍当局の間には売春施設を経営する業者たちが存在しました。軍は確かに関与しました。だが軍当局が方針として女性たちを強制徴用したことはなかったのです。この問題の複雑さはこのへんにもあるわけです。

ザカリア　しかし自分たちが強制徴用されたと主張する女性たちは確実に存在しますね。

古森　売春管理の業者たちが女性を強制徴用したケースはあったでしょう。家族の借金返済の穴埋め、親が娘を売春に供して、かなりの額の現金をもらう。もっとも悲しい形の人身売買でした。こういう場合は女性個人の次元では確かに強制があったといえるでしょう。

ザカリア　しかし軍部が代金を払っていた。このセックス取引の制度的性格を明確にしましょう。将兵たちはセックスを得ても代金を払わなくてよかったのですね。そういう理解でいいですか。

古森　いえ、そうではありません。

ザカリア　軍は組織として中間の業者と契約を結んでいた。そして女性からのサービスを買い、将兵に提供していた?

古森　ただし個々の将兵は女性に代金を払っていました。

ザカリア　えっ、個別にですか。

この時点でザカリア氏は真に驚いたという表情をみせました。日本軍が慰安婦をすべて管理して、将兵に無料で提供していたと思いこんでいたことは明らかでした。

古森　そうです。個別にです。その支払いを示す記録は山のようにあります。こうした売春を承認するかのように響くことは述べたくないのですが、女性の多くは高額の収入を得て、家族に送金することがごく普通でした。極端な場合、当時の日本の首相の給料より多い収入を得ていた女性もいたそうです。

ザカリア　日本軍は公式な形では売春行為に報酬を払ってはいなかったということですね。でも売春施設は軍の基地内とか近くにあったのだから、軍がその開設や経営に関与しなかったはずがない。

古森　軍はインフラをつくりました。そのことは日本の政府も歴代首相も過ちだと認め、謝罪をしています。

ザカリア　しかしその謝罪が韓国でも中国でも本当の謝罪として受け入れられていない。それはなぜでしょうか。

古森　日本の周辺にはこの種の問題での日本の謝罪を決して受け入れないという一定の勢力が存在するのです。慰安婦問題では日本の歴代首相たちがここ十数年、個別に、あるいはまとまって、謝罪をしてきました。だが外部の勢力は不十分だという。国会の決議をせよ、という。ハードルが常に高くなっていくのです。

ここで強調したいのは、慰安婦というのも当時の戦争の一部です。日本が遂行した戦争行動は結果としてすべて厳重な懲罰を受けました。日本も日本国民もその代償を多くの死をもってまで払ったのです。戦争犯罪人として多数が裁判にかけられ、処刑されました。

日本国は敗戦で完全に降伏し、懲罰を受け、巨額の賠償金を払いました。その一つの総括がサンフランシスコ対日講和条約でした。いかなる懲罰も受けるという全面的な服従でした。戦争の清算として日本人はこれ以上、なにができるのか。日本国民の多くがいまこう感じていると思います。

ザカリア　はい。

私のこうした主張にもザカリア氏は冷静な態度を崩さず、耳を傾けてくれました。私はこのあたりは日本側の多数派の意見、さらにその種の意見を代弁する安倍晋三氏の主張をも十分に意識しながら語りました。しかし基本はあくまで私自身の意見です。日ごろ考えてきた諸点ですから、どうしても自然に熱が入り、語調にも力がこもりました。

ザカリア氏は黙って聞いていました。

古森　いままた慰安婦問題なる案件で日本を非難する勢力は意図的に日本に因縁をつけているようにみえます。この種の非難の本質は日本側からすれば、二重訴追、二重基準、そして人種偏見の志向だといわざるをえません。

一度、訴追され、裁判にかけられた犯罪はもう二度と訴追されないという二重訴追禁止は法の統治の大原則です。だが私たちはなぜ三世代も前の祖先がしたかもしれないことへの責任を何度もとらされるのでしょうか。日本人は過去の過ちを認めている。過去を悔い、謝罪もしている。しかしそれでも不十分だという。謝罪の方法がよくないという。賠償金ももっと払えという。同じ非難が何度も繰り返されるのです。

いまの日本をみてください。完全な民主主義であり、人道主義です。その結果としての国際貢献も大きい。ODA（政府開発援助）の供与も巨額です。だが私たちは絶えず攻撃され、道義的に劣等な立場に抑えつけられているのです。

ザカリア　あなたは人種偏見を指摘したが、いまの日本への攻撃は中国と韓国からです。アメリカの動きは静かだと思いますが。

古森　いえ、アメリカからの日本非難はたくさんあります。下院での慰安婦に関する日本非難の決議案をみてください。マスコミでは大手各紙、みな慰安婦問題で日本、あるいは日本の指導部を叩いています。ニューヨーク・タイムズ、ロサンゼルス・タイムズ、ボストン・グローブなどです。

しかもまるで日本人のＤＮＡになにかよくないものが入っているかのような批判方法です。慰安婦問題が起きたときには、いまの日本国民の大多数は生まれてもいなかったのです。

アメリカ側では日本をドイツと比較する向きも多い。ドイツは過去を反省したが、日本は反省していない、という批判です。しかし当時のドイツは戦争とは無関係のユダヤ民族全体の絶滅を図りました。しかも中央政府の最高レベルで事前に決定されていた民族みな殺し作戦です。日本はそんなことはしていない。日本が非難されるのは戦場での行動、戦争に直接にからんだ行動だけです。

ここで私が指摘した「二重訴追禁止」というのは「一事不再理」のことです。犯罪が一度、摘発され、懲罰されれば、もう再度の追及はないという英米法の大原則のことです。

さらに私があえて慰安婦問題とは直接の関係のないドイツに言及したのは先に提起した「二重基準」の実例という意味からでした。アメリカでも戦争責任に関して「ドイツは謝罪したが、日本はしていない」という短絡な指摘がなおあったのです。

ここでザカリア氏はまた安倍首相への直接の批判的な言辞に戻りました。

ザカリア　アメリカ側には安倍晋三首相がなぜこの時期にこの慰安婦問題を中国や韓国に対するような形であえて持ち出してくるのか、という疑問もあります。

一部の人たちは、その理由が安倍首相への支持率が下がってきたため、国粋的な右翼の陣営からの支持を高めようと、この慰安婦問題で対外的に強硬な言明をするようになった、ともみています。

古森　いいえ、実情は逆です。安倍首相はアメリカ議会下院に出された慰安婦問題決議案の表決が近いことへの感想を日本人記者たちに質問され、初めてこの問題に触れて、「日本軍による政策としての組織的な強制連行はない」というかねてからの見解を繰り返しただけです。

むしろ逆に質問したいです。なぜいまこの時期にアメリカ側でこの慰安婦問題なるものが持ち出されてくるのか、と問いたいですね。日本側にはこの問題に関して、新たな言動などなにもないのですから。日本側がなにも新しい言動をとっていないのに、アメリカ議会には「明確な謝罪」を求める決議案が出てきた。いま、なぜ？　というのは日本側の疑問なのです。

ザカリア　でも安倍首相は慰安婦制度運営には日本軍は公式には関与はしていない、と言明しました。

古森　公式でも非公式でも日本軍が慰安婦制度にかかわってはいます。それはだれもが認めています。だがいまの焦点は、日本軍が女性を強制徴用していたかどうか、です。この点については、日本軍が組織的、あるいは政策的に女性を強制徴用したという証拠はない。もし強制徴用していたと主張するならば、それを証する証拠の提示が必要です。

ザカリア　古森さん、日本はいまこの慰安婦問題での苦しい状況からどうやって離脱するのでしょうか。日本が最近、国連安保理の常任理事国のポストを得ようとしたとき、国際的にはびっくりするほど支持が少なく、アジアではシンガポール一国でした。日本がアジア諸国に巨額の経済援助を与えてきたのに、です。日本は中国でもまったく人気がない。この現実はやはり日本が過去の戦争の歴史をどう扱うかという問題とかかわりがあると思いませんか。

古森　日本の政府も国民も、過去半世紀以上、戦争や歴史に関する非難に対して、対外的にはなにも反論しないという態度をとってきました。ただ黙って民主主義を推進し、人道主義を広げるという政策や態度を続けてきたのです。

しかしこうした対応だけではうまくいかないことが今回の事態で確認されたといえます。となると、こんごは日本の指導層や国民が対外的に発言するようになるでしょう。日本が全体としてこれまでより明確に自己主張をする、ということです。

たとえば慰安婦問題では、日本軍が最高上層部で女性を強制徴用する決定を下したなどという事実はない、しかしそんな決定があったかのように語る人たちがいる。であれば、日本側でも、これまでよりも多くの人たちが対外的に反論をするようになるでしょう。

私自身も、日本が戦争認識などに関する非難をただ黙って受けとめ、民主主義や人道主義に基づく行動をとるだけで信頼を得ようとする従来の対応は、よい結果を生まないと思います。今回のアメリカ議会での慰安婦問題での日本糾弾には日本側の多くの人々が深い失望、悲しみ、そして怒りをも感じています。だからこれからはアメリカ側からみれば、新しい日本が登場してくるかもしれない。つまり発言する日本、反論する日本です。

さらには今回の慰安婦決議案は日米同盟を侵食するともいえます。なぜなら日本側では、この問題で日本の誇りを傷つけられたと感じる人たちこそ、これまで日米同盟をもっとも強固に支持してきた勢力だといえるからです。この人たちは民主主義への信奉を基盤とする日米同盟を支持し、同じ民主主義の価値観を共有するインド、オーストラリアなどとも緊密な関係を築いていこうと主張してきました。

日本国内では国民の絶対多数がそうした価値観を信じるからこそ、いまの民主主義の日本への帰属意識や連帯感が強いのです。であるのに過去の問題を理由にいまの日本の民主主義を否定するような動きには、ことさら強く反発するわけです。

もう一つ強調したいのは、こんどの慰安婦問題での日本を非難する動きの背後には、中国の存在があることです。慰安婦決議案の提案者のマイク・ホンダ下院議員は、中国系の団体から多額の政治献金を受けてきました。中国系組織の強い支持を得たホンダ議員の動きは、日本を道義的に弱体化し、劣等の立場に押し込もうとする特定国家の外交戦略の一部でもあります。日本を国として、その本質におかしなところがあるかのように描く。あるいは日本人を民族としてまるで遺伝子に欠点があるかのように描こうとする戦略です。私はそうした動きに強い反発を覚えます。

ザカリア　どうもありがとうございました。


以上がファリード・ザカリア氏との一問一答のほぼ全容でした。最後の部分で私はかなり激しくこの時点での日本叩きに反論しました。中国の役割やホンダ議員の中国との癒着についても厳しい表現で発言しました。しかしザカリア氏は黙ってその種の私の発言を傾聴してくれた。その結果、私の言葉はそのままに全米テレビ網で流れたのでした。

私はこの2007年の時点での自分自身の言葉には現在もいささかの誇りを感じています。その基本的な事実関係の正確さは朝日新聞の大誤報撤回その他で証明されたからです。さらに私がこの際に予告したように、それ以降の日本は歴史問題などでの外国からの不当な非難には積極果敢に反論するようになったからでもあります。

同時に安倍晋三氏が当時、考えていたこと、語っていたことの本質をもアメリカ側に報告した、という実感もあったのでした。

第五章

「失望」だけではなかった　首相靖国参拝

賛成もあった首相靖国参拝

前章でも述べたように安倍晋三氏がアメリカ側に大きな波紋を投げかけた、もう一つの主要課題は靖国神社参拝でした。

安倍氏は首相在任中の２０１３年12月26日に靖国神社を参拝しました。その結果、日本の内外で大きな論議が起きました。同盟国のアメリカのオバマ政権からも「失望」というきわめてネガティブな反応が発せられたのです。

日本の国内でも朝日新聞に代表される左翼勢力などから反対が表明されました。しかし最大の抗議や反対をぶつけてきたのは中国でした。韓国でも反対の声が起きました。

とはいえ安倍氏にとってもっとも意外かつ残念な反応はやはりアメリカからの「失望」の声明だったといえそうです。

なぜこんな反応が起きたのか。

ここで銘記しておかねばならないのは、安倍首相の靖国神社参拝への賛成や共鳴の声も日本の内外で広範だったという事実です。この種の課題への反響は賛成派は静かであり、反対派の声が大きく響くのが常です。

同盟国のアメリカでもオバマ政権が反対の意向を表明したことに反対する識者の声も広範でした。安倍氏の靖国参拝に賛成する声こそがアメリカでは後に安倍氏の政治姿勢への強い支持となって広がっていったという側面もあったのです。

いずれにしても政治家の安倍晋三氏にとってこの靖国神社参拝問題というのは大きな試練となりました。その試練の国際的な実態、とくにアメリカでの反応についてこの章では詳しく報告することにします。

靖国神社とはなにか。

簡単に説明しておきましょう。

靖国神社は1869年（明治2年）に明治天皇によって日本国を守るための戦いで命を失った人々の霊を慰めるという目的で創建された神社です。場所は東京の九段、当初は招魂社という名前でしたが、1879年に再び明治天皇により「靖國神社」と命名されました。「国を靖（安）んずる」という意味で、「祖国を平安にする」「平和な国家を建設する」という願いからでした。

靖国神社は戊辰戦争、西南戦争など明治の新時代につながる国内での戦いや、その後の日清戦争、日露戦争、第一次世界大戦、日中戦争、第二次世界大戦などで日本側で命を失った合計246万6千余の霊を祀っています。

その霊は軍人だけでなく国家防衛にかかわった民間人や非日本人をも含んでいます。日本の敵国側だった国から戦後に戦争犯罪人とされた人々の霊も祀られています。

「国家のために一命を捧げられた方々の霊を慰め、その事績を後世に伝えること」が靖国神社の使命だとされています。

この点ではアメリカや中国など、どの国でも自国の防衛のために犠牲になった自国民の霊を悼む施設を保持しているわけで、靖国神社がとくに例外というわけではありません。

しかし日本の一部、そして中国や韓国側では靖国神社が「日本の侵略戦争を正当化し、美化する象徴だ」と断じる傾向があります。

とくに第二次大戦後にアメリカ側主体の極東国際軍事裁判（東京裁判）でA級戦犯とされ、処刑された日本側の旧指導者7人の霊も靖国に祀られたことへの反発が存在します。ただし戦後の日本政府側の公式政策では戦犯という特別扱いを排しています。そしてなによりも日本の伝統は死者の霊をその生前の外国側からの扱いで区別するという思考をも拒否するといえましょう。

安倍氏は明らかにこの靖国神社の本来の精神や慣行に従い、日本を守るために戦い、命を落とした先人の霊を悼む目的で首相としても靖国神社に参拝することを願ってきました。首相ではない時期、閣僚として、あるいは議員として、長年、参拝をしてきました。

ただし最初に首相となった２００６年から２００７年にかけての期間は安倍氏は靖国神社に参拝しませんでした。同氏は首相を一年で辞めた後に、首相として参拝できなかったことは痛恨のきわみだと述べていました。だからこそ首相に再任されてちょうど一年後の２０１３年12月26日、靖国神社を参拝したのでしょう。

無視された参拝当日の談話

論議を呼ぶことが予測されたこの参拝を安倍首相自身はなぜこの時期に実行したのか。その理由については安倍氏自身が公式の声明で丁寧に説明していました。まず本人の主張をきちんと知ることが第一でしょう。

以下がその参拝の当日に発表された安倍首相の談話です。その談話は「恒久平和への誓い」と題されていました。

「本日、靖国神社に参拝し、国のために戦い、尊い命を犠牲にされた御英霊に対して、哀悼の誠を捧げるとともに、尊崇の念を表し、御霊、安らかなれとご冥福をお祈りしました。また戦争で亡くなられ、靖国神社に合祀されない国内、及び諸外国の人々を慰霊する鎮霊社にも、参拝いたしました。

御英霊に対して手を合わせながら、現在、日本が平和であることのありがたさを噛みしめました。

いまの日本の平和と繁栄は、いまを生きる人だけで成り立っているわけではありません。愛する妻や子どもたちの幸せを祈り、育ててくれた父や母を思いながら、戦場に倒れたたくさんの方々。その尊い犠牲の上に、私たちの平和と繁栄があります。

今日はそのことに改めて思いを致し、心からの敬意と感謝の念を持って、参拝いたしました。

日本は、二度と戦争を起こしてはならない。私は過去への痛切な反省の上に立って、そう考えています。戦争犠牲者の方々の御霊を前に、今後とも不戦の誓いを堅持していく決意を、新たにしてまいりました。

同時に、二度と戦争の惨禍に苦しむことがない時代をつくらねばならない。アジアの友人、世界の友人と共に、世界全体の平和の実現を考える国でありたいと、誓ってまいりました」

安倍首相による参拝理由の説明は以上が冒頭からのほぼ半分でした。これだけでも安倍氏なりの参拝の動機はよくわかるでしょう。日本国民の多くが自然にうなずける説明だともいえるでしょう。内容ではとくに平和を強調し、不戦の誓いとも組み合わせている点が注目されます。平和や不戦のくどいほどの誓いの言葉だったのです。

この言明は英語などにも訳されて、同時に世界に向けて発信されました。意を尽くした対応だったといえるでしょう。

安倍首相の声明はさらに述べていました。

「日本は戦後68年間にわたり、自由で民主的な国をつくり、ひたすらに平和の道を邁進してきました。今後もこの姿勢を貫くことに一点の曇りもありません。世界の平和と安定、そして繁栄のために、国際協調の下、今後その責任を果たしてまいります。

靖国神社への参拝については残念ながら、政治問題、外交問題化している現実があります。

靖国参拝については、戦犯を崇拝するものだと批判する人がいますが、私が安倍政権の発足した今日この日に参拝したのは、御英霊に、政権一年の歩みと、二度と再び戦争の惨禍に人々が苦しむことのない時代を創るとの決意を、お伝えするためです。

中国、韓国の人々の気持ちを傷つけるつもりはまったくありません。靖国神社に参拝した歴代の首相がそうであった様に、人格を尊重し、自由と民主主義を守り、中国、韓国に対して敬意を持って友好関係を築いていきたいと願っています。国民の皆さんの御理解を賜りますよう、お願い申し上げます」

以上が安倍首相の説明のすべてでした。きわめて明確な内容だといえます。たとえその主張や認識に同意できなくても、安倍氏自身がなぜ靖国神社に参拝するのか、その動機や原因についての主張はわかるはずです。しかし靖国参拝に反対する側はこの長文の声明を完全に無視しました。無視どころかその内容とは正反対の虚構を練り上げて、拡大したのです。安倍氏の言明には皆無だった勝手な推測や解釈を勝手に押しつけていきました。

中国の矛盾に満ちた糾弾

安倍首相は参拝直後、日本人記者団に対して念を押すように、参拝の意義について自分の言葉で語りました。以下のようでした。

「日本のために尊い命を犠牲にした英霊に尊崇の念を表し、御霊安かれと手を合わせた」

「中国や韓国の人々の気持ちを傷つける考えは毛頭ない。参拝の真意を理解してもらうための努力を重ねていきたい」

「日中、日韓は大切な関係であり、この関係を確固たるものにするのが日本の国益であり、説明する機会があればありがたい」

以上のような説明でした。当然ながら公式声明に沿った言葉でした。しかし、この参拝を非難する筆頭の中国政府、そして朝日新聞が即時といえるスピードで参拝の意味を極端に曲げて、反発をぶつけてきました。

中国の当時の王毅外務大臣はすぐに強硬な糾弾の声明を発表しました。

「靖国神社は日本軍国主義の対外侵略戦争発動の精神的道具であり、象徴だった。この上ない罪を犯したA級戦犯をあくまでも英霊として祀っている。中国は世界の平和を愛する人々と共に日本の指導者の靖国神社参拝に一貫して明確かつ断固として反対する。

日本は安倍首相の行動がもたらす重大な政治的結果に対して責任を負わなければならない。日本が中国との緊張・対立を激化させようというなら中国は徹底的に受けて立つ。安倍首相の行為はまさに日本を非常に危険な方向に引っ張っている。中国を含む国際社会は日本がもと来た道に戻ることを決して許さない」

中国のこんな非難はまるで戦争宣言のようでした。「中国は徹底的に受けて立つ」などという表現はまさにケンカを売る語調です。安倍首相の言明とは黒と白、文字通り180度、異なる、おどろおどろした糾弾でした。

問題の基本をよく考えてみましょう。日本の首相が日本国内のどこに行こうが、まったくの自由です。ところが靖国神社には足を踏み入れてはならないと、他国の政府が命令してくるのです。

まして主権国家のだれでも自分の国を守ろうとして命を落とした自国民の霊を悼むことは基本的な権利であり自由です。他国から命じられたり、禁じられる対象ではありません。

そもそも中国は無神論の共産主義、マルクス・レーニン主義を信奉する国家です。宗教や信仰を認めない政府であり、国家なのです。

しかも中国政府の安倍首相へのこんな攻撃は過去の中国自体の態度に大きく矛盾していました。

中国政府は長い年月、日本の歴代総理大臣が堂々と靖国神社に参拝しても、なにも述べなかったのです。中国が後になって問題にする靖国神社への日本側のA級戦犯の合祀が公表されたのは１９７９年４月でした。

しかし中国はそれ以前の年月も、さらにそれ以後の１９８５年までの期間も、日本の首相が毎年、参拝を続けても沈黙のままでした。79年から85年までの間に３人の日本の首相が合計21回も靖国神社に参拝しました。だが中国はなんの反応もみせなかったのです。

中国政府が日本側の靖国参拝を政治問題として扱い、反対を表明するようになったのは

1985年からでした。

当時の日本の中曽根康弘首相がその年の8月15日に大々的に総理大臣の靖国神社への公式参拝を宣言したことに対して、日本の一部勢力が朝日新聞を利用して、反対キャンペーンを打ち上げました。それに刺激されたように中国政府も反対を述べ始めたのです。

中国の反対におびえたような中曽根氏は翌年には「公式参拝を続けると中国の友人である胡耀邦書記の立場が悪くなるので、参拝を断念した」と言明しました。それ以来、中国政府は勝ち誇ったように日本の歴代政権に首相などの靖国参拝はするなと、命令するようになったのです。

しかし日本側では2001年4月に総理大臣となった小泉純一郎氏が堂々と靖国神社に参拝するようになりました。次期首相を決める自民党の総裁選でも「首相としての毎年一度の靖国参拝」を公約した小泉氏は実際にその約束を果たしました。

小泉氏は中国や韓国の反対、さらには日本国内での反対に対して以下のような言葉を述べていました。

「わが国の平和と繁栄は戦没者の貴い犠牲の上にあり、その気持ちを表すことは当然であり、二度と戦争を起こしてはならないという気持ちからも靖国神社を参拝した」

小泉首相は在任期間の6年の間、毎年、必ず、中国側がもっとも反発する終戦の8月15日も含めて靖国参拝を実行しました。中国側は抗議し、小泉首相との首脳会談には応じないという態度をとりましたが、小泉首相はまったく譲歩せず、自分自身の公約としての参拝を続けました。

２００６年まで続いた小泉首相の毎年の靖国参拝から7年、２０１３年の安倍首相の参拝には中国はこれまでよりもずっと激しい抗議をぶつけてきました。

同時に韓国政府も反対の意向を表明しました。韓国は中国とは異なり、日本と戦争をした相手ではありません。戦時中は朝鮮半島は日本の領土であり、その住民は日本国民として日本本土と一体となって対アメリカなどの戦争に加わっていたのです。

しかしそれでも韓国政府の劉震龍文化体育観光相は安倍首相の靖国参拝に対して「遺憾の意と怒りを抑えられない」と非難しました。

だが安倍首相にとって最大の懸念はアメリカのオバマ政権からの参拝への批判でした。

「失望」と正反対の主張

安倍首相の参拝の当日の12月26日の夕方、東京のアメリカ大使館が声明を発表しました。安倍首相の靖国参拝を指して、「日本の指導者が近隣諸国との緊張を悪化させるような行動をとったことに失望している」という内容でした。きわめて異例の声明でした。

同盟国とはいえ、というよりも価値観を同じくする同盟国だからこそ相手国の戦没者追悼の慣行に踏み込み、相手国の首相の行動を批判する、というのは非礼でもありました。同盟国のアメリカが敵性の強い中国と同じ姿勢をとって、日本を批判したことになります。

まずはこのアメリカ政府の声明の全文を紹介しましょう。


「日本は価値の高い同盟相手であり、友邦である。しかしながらアメリカは日本の指導者が近隣諸国との緊張を悪化させるような行動をとったことに失望している。

アメリカは日本とその近隣諸国がともに過去からの慎重を要する課題に対処し、相互の関係を改善し、地域的な平和と安定という共通の目標を前進させる協力を促進するための建設的な方法を見いだすことを望んでいる。

われわれは安倍首相の過去への反省と日本の平和への誓いを再確認する表現に注目する」


以上の声明はやはり安倍首相の靖国参拝を「近隣諸国との緊張を悪化させるような行動」と決めつけ、その参拝に対してははっきりと「失望」と断じた点が最大ポイントでした。日本政府の長による日本国内での自国の戦没者への追悼行為への他国からの非難だったのです。

しかもアメリカ政府の声明は日本の政府の長が「日本の平和と繁栄」につながる先人たちの犠牲に戦争への反省をもこめて祈りを捧げる、と言明していることを無視しました。ただ「近隣諸国との緊張を悪化させる」と断じていたのです。

これでは日本の同盟国であるアメリカが中国や韓国と歩調を合わせて、日本を糾弾したことになります。

アメリカ政府のこの声明はオバマ政権下の国務省からもすぐに繰り返す形で発表されました。

このオバマ政権の態度は日本への背信行為とも受け取れました。安倍首相には近隣諸国との緊張を悪化させるというような意図はまったくないことが明白だったからです。

そもそもアメリカの歴代政権は日本の首相の靖国神社参拝に干渉したことはありませんでした。それどころか中国側が日本の首相の靖国参拝を非難することが不当だとして批判をしていました。

その代表例は小泉首相が毎年、靖国参拝を実行していた時期の2005年11月、当時の二代目ジョージ・ブッシュ大統領が中国側の「日本の首相の靖国参拝が日中関係を悪化させた」という主張を明確に排して、「日中関係は単なる神社参拝よりずっと複雑だ」と述べた言葉でした。

その同じ共和党ブッシュ政権の国務副長官を務めたリチャード・アーミテージ氏は2006年には中国の日本への糾弾をはっきりと非難して、次のような見解を述べていました。

「中国は日本に圧力をかけ、抑えつけるために靖国問題を口実に使っている。中国は日本の首相に靖国参拝中止の指示や要求をすべきではない。アメリカ政府も日本の首相に戦没者追悼の方法についてあれこれ求めるべきではない。民主的に選出された一国の政府の長である日本の首相が中国のような非民主的な国からの圧力に屈し、頭を下げるようなことは決してあってはならない」

きわめて明快な見解でした。アーミテージ氏のこの言葉は私が産経新聞記者としてインタビューした際に、オンザレコードの発言として語った結果です。同氏は以下の意見をも述べていました。

「アメリカ社会では殺人者のような犯罪人までキリスト教などの教えに従い埋葬される。同様に日本でも祖先、とくに戦没者をどう追悼するかは日本自身が決めることだ。その対象にはA級戦犯も含まれる。死者の価値判断は現世の人間には簡単には下せない。アメリカは日中関係に対しては決して中立者ではない。日本は同盟国であり、中国はそうではないからだ。だからアメリカは靖国の論議の段階では中立を保つかもしれないが、日本が本当に小突き回されれば、日本を支援する」

こうした見解は7年後に民主党のオバマ政権が表明した「失望」とは正反対だったといえます。同じアメリカでもこれほどの違いがあったのです。

もう一人、同じ二代目ブッシュ政権で国家安全保障会議のアジア上級部長などを務めたマイケル・グリーン氏も小泉政権時代の２００６年6月、以下の見解を述べていました。

「中国は従来の軍拡に加え、日本に対し歴史認識の押しつけ、国連安保理常任理事国入りへの反対、尖閣諸島付近など東シナ海での軍事攻勢や日本領海侵入など脅威的、挑発的な行動を続けて、険悪な雰囲気をつくった上で、さらに日本の首相の靖国参拝禁止の脅しで日中関係の悪化を日本のせいにしている。

中国は日本の首相が靖国参拝を止めない限り首脳会談には応じないという高圧的な要求を全

面に出しているが、これは悪い間違いだ。中国側はただ一つの争点で対日関係全体を悪化させるという手法で日本の首相へのリトマス試験を実施している。

アメリカ国内でもニューヨーク・タイムズの社説に象徴される左派の間には、日本が軍国主義の過去を克服しておらず、首相の靖国参拝にも反対を伝えるべきだという意見があるが、私は絶対にそれに反対だ。米側でのそんな動きはアメリカが日本よりも中国の味方をするという不適切な印象を与える」

このグリーン氏の考察もその後のオバマ政権の反応とは天と地ほどの違いがあったといえましょう。アメリカ側には小泉純一郎氏や安倍晋三氏という日本の政治家の思考や言動にこのように支持を表明する指導層や識者が確実に存在してきたのです。

オバマ政権「失望」の理由

ではなぜオバマ政権は安倍氏の参拝を批判したのか。複数の要因が考えられます。

まず第一にオバマ政権は民主党のリベラル派です。前任の共和党二代目ブッシュ政権と異なり、日本側の憲法改正、防衛力充実、対米同盟強化、さらには日本の歴史や伝統の重視という、いわゆる保守の流れ——といっても他の諸国なら正常な中道、普通の路線とされる傾向ですが——への留保や反発がかなりの程度、あったといえます。

なにしろオバマ政権の高官たちは民間にあってはリベラル色の濃い学者、専門家だった人たちが多かったのです。オバマ政権でアジア政策の要衝にあったカート・キャンベル氏はとくにこのリベラル派の学者たちと親しく、政権内にあっても安倍氏の靖国参拝を明確に批判していました。

さらにオバマ政権に関しては当時の副大統領で現大統領のジョセフ・バイデン氏が安倍首相に対して靖国参拝の直前に参拝はしないようにという意向を伝えていたのだ、という未確認の情報がありました。この情報を確実に裏づける証拠はありません。日本側の反安倍勢力が意図的に流した虚報かもしれません。

いずれにしてもオバマ政権ではバイデン副大統領も安倍首相の靖国参拝は決して喜んではいなかったという状況を反映する情報だとはいえましょう。

第二には、アメリカの学界でもリベラル傾向がとくに強い日本研究者たちの影響が指摘できます。

近年の日本研究者たちはジョン・ダワー、エズラ・ボーゲル、ジェラルド・カーティス、キャロル・グラックなどという古参をはじめとしてみな民主党系の超リベラル派なのです。いくらか新しい世代でもシーラ・スミス、さらには安倍氏糾弾で悪名の高いアレクシス・ダデン各氏らも広い意味での日本研究者の範疇に入ります。

この種のリベラル研究者たちは安倍政権下の日本がアメリカ側の共和党政権との絆を強くして、防衛力の強化などに前進することに反対でした。だから安倍氏の言動にも「ナショナリスト」というレッテルを貼り、批判してきた経緯があります。

その日本研究者たちの左傾偏向が従来、安倍晋三というアメリカ側の保守層には共鳴を生んでいた日本の政治家への反発を招いていた実態は前章の慰安婦問題の論議に関連しても説明したとおりです。

だからこの種の日本専門家たちは安倍氏の靖国参拝を待ってましたとばかりに非難しました。そしてその非難が民主党リベラル系のオバマ政権にも伝播したといえます。

第三には中国と韓国という要素です。

オバマ政権は中国に対して融和的な関与政策を取り続けました。中国が南シナ海で国際紛争が未解決のスプラットリー諸島を軍事占拠しても、阻止や抗議の行動を取りませんでした。中国と日本との摩擦でも中国の主張にかなりの理解や同調をみせていたのです。

だからオバマ政権は日中間の歴史関連の摩擦案件でも中国の高圧的な態度をブッシュ政権のように批判する態度は一切、みせませんでした。オバマ政権内部にはアジア政策全体でも中国との友好関係をとくに重視するという傾向の人物が多数、存在しました。前述のカート・キャンベル氏はその代表例です。

オバマ政権はまた韓国の当時の朴槿恵政権ともきわめて良好な関係にありました。当時の国務省高官だったウェンディー・シャーマン氏（最近まで現バイデン政権の国務副長官）などはとくに慰安婦問題では韓国側の主張を支持するような傾向さえありました。

以上のような諸要因がオバマ政権に安倍首相の靖国参拝への「失望」という異例の表明をさせたようだといえます。

しかしオバマ政権の現職の高官が直接に安倍首相の参拝を正面から非難するという事例はきわめて少なかったです。やはり貴重な同盟国への配慮ということでしょう。ただしオバマ政権の本音と呼べるような厳しい安倍批判を同政権に非常に近いアメリカ人学者が公表していたので、紹介しておきましょう。

民主党リベラル系でオバマ政権にも近い外交問題評議会のシーラ・スミス研究員の論評です。朝日新聞が大々的に報じていました。安倍氏の行動がこんごの日米関係に重大な悪影響を及ぼすぞ、という脅しのような真意が透けてみえる過激な言葉の羅列でした。

「安倍氏の参拝の結果は明白だ。日本の政治的な選択肢を狭めることにつながり、新しい安全保障環境への戦略的な適応がきわめて重要な時期に、日米の同盟関係を複雑なものにしてしまう」

「日米両国政府が防衛協力のための指針見直しなど多くの安全保障上の課題に取り組もうとしているときに、安倍氏は泥をかき混ぜて水を濁らせるようなことをした」

繰り返しますが、こうした読みの前提は安倍首相の参拝が日本の戦争行為の礼賛、A級戦犯への擁護、軍国主義の復活などという意味があるとする意図的な誤認です。スミス氏は安倍首相自身の公式声明の内容を一顧だにせず、すべて否定して、自分の勝手な解釈を押しつけているわけでした。

非難するのは中韓だけ

しかし安倍首相の靖国参拝へのアメリカ側での非難はオバマ政権だけに留まりませんでした。最過激な安倍攻撃を展開したのはやはりニューヨーク・タイムズでした。

参拝の直後に書かれた２０１３年12月26日付の同紙社説はオバマ政権の「失望」表明どころか、中国政府の言明に近いところまで非難をエスカレートさせていました。「日本の危険なナショナリズム」という見出しの社説でした。

この社説はまず靖国神社を「大日本帝国の侵略戦争と植民地主義の象徴」と決めつけていました。安倍首相はそんな目標に同調するからこそ参拝するのだと示唆するのでした。

そのうえでこの社説は**「安倍首相のいまの目標は日本の軍隊を自国領土の自衛だけから世界のあらゆる地域での戦争に出撃できるように変容させることであり、靖国参拝もその一環なのだ」**と断じていました。

日本が世界のあらゆる地域での戦争に出撃したいと求めている、なんて日本の実際の安全保障政策から判断すれば、まったくの事実無根、妄想のような指摘です。

この社説も安倍首相の平和への祈りや不戦の誓いはもちろん完全に無視していました。この参拝が実際に軍国主義復活や戦争遂行のためだとまで決めつけた点では中国政府も顔負けの日本への的外れ非難だったといえます。

安倍氏の靖国参拝に反対した側の主張のもう一つの虚構は、この参拝が世界全体、アジア全体から反発されているかのような構図を強調したことでした。

オバマ政権の声明の「近隣諸国との緊張」という場合の近隣の諸国とはアジアの多数の国々を思わせます。米側の日本研究者たちも「安倍氏の参拝はアジア諸国から反対された」と頻繁に主張していました。日本側でも朝日新聞は安倍氏の参拝の結果、日本が全世界で孤立するかのような報道を続けていました。

しかしこの点では安倍氏が参拝理由を説く言明で反発が予想される相手側として中国と韓国だけを列記していたことは正しかったといえます。なぜなら安倍首相の靖国参拝を政府が公式に正面から非難する国はアジアでは中国と韓国以外にまったくなかったのです。

シンガポール外務省の報道官はごく穏健な表現で「地域の緊張が高まっているから遺憾だ」と述べました。インド外務省報道官は「日本と他国が議論を深め、協力して問題を解決することを望む」とだけ語り、靖国参拝自体には触れもしなかったのです。この両国とも第二次世界大戦では日本軍が進撃し、戦闘までを展開した舞台でした。首相の靖国参拝を日本軍の行動と結びつけるならば、まっさきに批判の声をあげてしかるべき国でした。

インドネシアでは最有力新聞の「コンパス」は社説で「靖国問題で自らを被害者として位置づける中国と韓国の主張は一面的な見解だ」として日本への理解を示しました。

フィリピンでもフィデル・ラモス元大統領が次のような見解を大手紙に発表しました。

「第二次世界大戦での日本の占領下で苦しんだ国民としてフィリピン人も最近の中国人たちと同じように、日本への憤怒や敵意を爆発させるべきか？　確かに私たちも過去には苦い思いを抱いている。しかし私たちはこんごのよりよき将来を怒りの継続によって危うくし、台無しにすることは決して望んでいない」

その他、アジアではモンゴルもベトナムも、台湾も、みな日本の戦争行動と深い関係があったのに、安倍首相の靖国神社参拝への抗議など、まったく表明しませんでした。

台湾の当時の李登輝総統など日本軍将校として戦死した実兄の霊を悼むため自身で靖国を参拝したほどでした。

だからアジア諸国の反応という点でも安倍氏が述べていた認識は正しかったのです。要するに抗議するのは中国と韓国だけ、ということでした。

だからアジア諸国の間でも現代の日本のあり方、その日本をアジアでの主導権を目指す方向へ推す安倍氏の政策への支持は多かったのです。安倍氏の靖国参拝にもほとんどのアジアの諸国が賛同、あるいは静観という態度をとったことも、その例証だったといえます。

「失望」への厳しい反対論

このころのアメリカでもすでに国民の大多数は日本に好意や信頼を示し、安倍政権の日米同盟強化策へも賛意を表していました。とくに保守派には安倍首相の10年ぶりの防衛費増額や対中姿勢硬化への歓迎も広範でした。

そして注目すべき現象が顕著となってきました。アメリカ側で日本の首相の靖国参拝を支持し、中国側の参拝阻止の動きを非難する識者、有力者がつぎつぎと出てきたのです。

その筆頭は前述したワシントンの名門ジョージタウン大学の東アジア言語文化学部長ケビン・ドーク教授でした。ドーク氏は小泉純一郎首相の靖国参拝に中国政府が反対することに異を唱えました。２００６年5月でした。ドーク氏は同じ主張を7年後の安倍首相の参拝の際にも、さらに明確に表明することとなります。

ではまず小泉政権時代のドーク氏の意見です。その発表は産経新聞への寄稿でした。

その骨子を紹介します。

「私はこれまで靖国問題はあくまで日本国民の先人への心情であり、内面的な課題だから発言は控えてきた。だがいまや中国とアメリカの一部から不適切な断定が述べられるようになったため私も自分の見解を述べたい。靖国参拝は日本の国民と指導者の判断の問題であり、外部から命令を下すべき対象ではない」

「民主主義社会での個人の権利や市民の自由は他者の尊厳への精神的な敬意が前提となる。その敬意を表する相手が死者となると、目前の自分の生命や現世を超えた精神的な意味あいを込めることともなる。一国の死者への敬意の表明を他国が妨害することは許されない。日本の首相は頻繁に靖国参拝を続けるべきだ」

ドーク氏はこんな言葉で中国の介入を批判したのでした。ちなみにドーク氏の日本とのかかわりは高校時代の留学に始まり、学者となってからも東大、京大、慶大などでの講義や研究の体験があります。専攻は日本のナショナリズムの歴史だそうです。

同じ時期の2006年6月、アメリカでも有数の中国研究専門家のラリー・ウォーツェル氏が日本の首相の靖国参拝に対する中国の態度を不当な恫喝だとする見解を述べました。この見解も後の安倍首相の参拝支持へとつながっていきます。

ウォーツェル氏はこの時期、アメリカ議会の中国調査専門機関の米中経済安保調査委員会の委員長でした。出身はアメリカ陸軍で北京のアメリカ大使館の駐在武官を長年、務めた経歴もあります。以下が同氏の言葉です。

「中国にとって靖国問題は日本の対米同盟強化など安保関連の政策への不満をぶつける手段にすぎない。日本の弱点を衝き、日本は道義的にも低い立場にあると思わせる口実だろう。

中国は歴史に関して当初は日本側の首相らの謝罪を求め、日本側がそれに応じると、不十分だと主張して、ハードルを上げて、靖国を持ち出したのだ」

「小泉首相が靖国参拝を中止すれば、日中関係が改善されるという見方には同意できない。中国は日本がアメリカの堅固な同盟相手である限り、さらに日本が台湾の安定や尖閣諸島の主権を主張する限り、日本への不満を多様な名目をつけて、ぶつけ続けるだろう。その手段の一つが靖国なのだ」

ウォーツェル氏はアメリカが靖国問題では日本の同盟国としてあくまで日本の立場を支持すべきだと強調しました。後のオバマ政権とはまったく異なる態度です。アメリカ側にはこのように靖国問題では日本の首相の参拝を支持する意見が従来、堅固に存在していたのです。この点はその後に起きたアメリカ側全体での安倍晋三氏の政策への強い賛同を理解するうえで非常に重要な事実でした。

さて時計の針を先へと早めて2013年12月の安倍首相の靖国参拝直後のアメリカの反応を報告しましょう。

オバマ政権が参拝に「失望」という異例の表明をしたことへの厳しい反対が起きたのです。この反対は結局は安倍氏への支持へと発展していくわけです。

注目すべきはまずアメリカ議会上院の共和党有力議員のマルコ・ルビオ氏が安倍氏の靖国参拝を強く支持したことでした。ルビオ議員は参拝直後の2014年1月に日本と韓国を訪問し、その両方でオバマ政権の安倍首相への「失望」表明にはっきり反対したのです。

ルビオ議員といえば、上院外交委員会の共和党側筆頭メンバーとして活躍してきた著名な政治家です。その後の2016年の大統領選に名乗りをあげ、トランプ氏らに正面から挑戦しました。

そのルビオ議員が東京で靖国参拝を終えたばかりの安倍首相と会談し、中国の軍事拡張を冒険主義的だと非難し、安倍政権の安全保障強化策を礼賛したのです。

ルビオ議員はその直後のNHKのインタビューで靖国問題について問われ、「アジア諸国がみな歴史を克服して前進することが肝要だ」と述べました。安倍首相の参拝を問題とはせず、むしろ歴史問題への対処はアジア諸国がみな努力すべきだ、という意味の答えでした。

そのうえにルビオ議員はオバマ政権の安倍批判を逆に正面から批判しました。日本の後に訪れた韓国での公開の場での発言でした。韓国人記者が「首相の靖国参拝など歴史問題で日本の態度を変えさせる必要があると思うか」というピンポイントの質問に対してルビオ議員は次のように答えたのです。

「アメリカ政府の政策担当者たちがその種の問題で日本側にどうすべきかと伝えることは生産的ではない。われわれは中国政府が東アジア地域のアメリカの同盟諸国同士の見解の相違を悪化させ、悪用しようとすることを黙認すべきではない」

明らかにオバマ政権の日本への「失望」表明への反対の言葉でした。

ルビオ議員が活躍するアメリカ議会上院では共和党の重鎮ジョン・マケイン議員も2014年1月にワシントンを訪問した日本の国会議員団に対して**「歴史問題ではアジア諸国が独自に傷を癒すことが肝要で、他国に指示や要求はすべきでない」**と語りました。これまたオバマ政権の日本叱責への批判でした。

マケイン議員といえば、共和党側で大統領候補ともなった大物政治家です。そうした人物までが安倍氏の靖国参拝を認める趣旨の発言をしていたのです。

米歴代政権高官からも

アメリカ歴代政権の高官を務めた人物からもオバマ政権の日本叱責や中国の対日圧力を批判する発言が出ました。

１９９０年代から民主党クリントン政権の国防総省で中国部長を務めたランディー・シュライバー氏です。同氏は２００１年からは共和党の二代目ブッシュ政権でアジア太平洋問題担当の国務次官補代理となりました。

そのシュライバー氏が２０１４年3月、ワシントンでのセミナーで発言しました。この時期は同氏は民間研究所の所長となっていました。

「オバマ大統領は日米首脳会談では靖国参拝について安倍首相を公式の場でとがめるようなことはもう避けるべきだ。この種の歴史問題関連の案件はあくまで非公式の議論に留めるべきだ。親密な仲の同盟国や友好国同士は、相手国の首脳を公の場で非難するべきではない」

「多くの人たちが歴史問題と呼ぶ件には真の罠が潜んでいる。中国が持ち出す歴史問題なるテーマは歴史の真実や事実とは関係がない。中国は歴史上の真実や正確性を保つ国家ではない。中国の歴史博物館の展示は不正確そのもの、かつ不快をきわめる。靖国神社の遊就館どころではない」

遊就館というのは周知のように靖国神社の付属の歴史展示館です。その展示は靖国反対派や中国側からは日本の戦争を正当化しすぎると非難されます。ところがシュライバー氏は中国自体の自国の歴史のゆがめは、とてつもない、と主張するのです。

そのうえで同氏は以下のことも語りました。

「中国の日本への靖国非難は一種の地雷だとも言える。中国が歴史を語るのは、実際には過去についてではなく、現在も未来も日本を抑えつけ、日米同盟に緊迫を作り出そうという動機からなのだ。中国は日本封じこめ、日米離反、さらに国内向けの目的に歴史を利用しているのだ」

オバマ政権の国務省日本部長を務めたケビン・メア氏もそのオバマ政権の靖国問題での日本への「失望」表明への激しい反対を述べました。

メア氏は日本専門のキャリア外交官として30年ほど勤務したが、安倍首相の靖国参拝の3年ほど前に国務省を辞任しました。

メア氏は2014年春、ワシントンのアジア専門ニュースレターの「ネルソン・レポート」への寄稿で、安倍首相の参拝を非難する米側の専門家や元政府高官たちは安倍首相自身の声明を読んでいないと批判し、安倍氏の平和や不戦への誓い、戦犯の礼賛の否定、軍国主義の否定、過去の反省を強調しました。

メア氏はさらに以下の趣旨をも述べました。

「米側の識者が安倍声明を無視するのは、『安倍は軍国主義者だ』という決めつけにその声明が合わないからだろう。この参拝は日本が挑発的とか軍国主義的になることでも歴史を修正することでもない。米側が眺めるべきなのは、安倍首相がこの一年間になしとげたことだ。安倍首相はアメリカの歴代政権が長い間、期待してきたことを達成しつつあるのだ」

「アジアでの緊張は中国の軍事拡張や覇権的挑発によって起きている。日本が再び軍国主義になっている？　事実をみよう。日本政府が防衛費を5年連続、増加しても、5年後の防衛予算は単に2002年の水準へと戻るだけなのだ。安倍首相は日本を過去の過ちを認める正常な国家にしようとするだけなのだ。もう靖国参拝非難は放念し、アジアでのアメリカの真の利害を考えよう」

米国の安倍支持は広がっていた

アメリカの中国研究では大御所ともみなされるペンシルベニア大学の名誉教授アーサー・ウォルドロン氏の意見も貴重だと実感しました。同氏は毛沢東研究の大著などで知られる著名な中国専門家です。私が産経新聞での報道のために直接にインタビューしました。

ウォルドロン氏は第二次大戦中、米軍将校だった2人の若い叔父を日本軍との戦闘で失ったそうです。だから子供のころから日本の戦争行動には反発を覚えてきたとのことでした。しかし数年前に靖国神社をみずから訪れて、考えが変わったそうです。

「日本の国民も筆舌で表現できないほどの被害、悲劇を体験したことを実感し、現代の日本国民が自国を守るために死んだ戦没者を悼む権利を有することを改めて意識した。その追悼の方法を他国が命じることはできない。アメリカ側でもクリントン政権やオバマ政権の高官だったジョセフ・ナイ氏、カート・キャンベル氏らが日本の首相の靖国参拝に反対しているが、それは間違いだ」

「中国政府は長年、日本の首相の靖国参拝をまったく問題にしなかった。日本の侵略さえ非難しない場合もあった。毛沢東・田中角栄会談で、田中氏が日本軍の中国への侵略を謝罪しようとすると、毛氏が『日本軍が中国で戦わなかったら、私は政権を握ることはできなかった』と、たしなめたという話は広く知られている」

「その中国共産党政権がいま日本の首相の靖国参拝を非難するのは日本に対して優位に立ち、支配権を取得するための手段なのだ。日本の指導者や国民が中国の命令に従う状況を造り出すことが目的なのだ。この点を日本国民が誤解することを私は非常に恐れる。日本側が首相の参拝を止めても、中国側は閣僚や国会議員の参拝を主標的にして日本への命令を続けるだろう」

ウォルドロン氏はだから安倍首相の靖国参拝は中国やアメリカの意向を気にせず、続けるべきだという明確な意見を述べるのでした。

こうみてくると、安倍氏の靖国参拝が大きな影を広げたかのようにみえた２０１３年末から翌14年にかけての日米関係もそれほど悪くはなっていなかったのだ、という構図が浮かんできます。

安倍氏の靖国参拝を支持するアメリカ側の有力者、識者たちの声はこれほど広範だったのです。そしてその種の声は安倍首相のその他の施策への支持にもつながっていたのです。

しかし靖国参拝問題に限ってみれば、安倍氏自身に最大の前向きなインパクトを与えたのはケビン・ドーク氏の意見表明だったといえます。同氏の靖国神社に対する見解はこの章の前半でも一部、紹介しました。小泉首相の靖国参拝についての見解でした。

だがドーク氏はその後、安倍首相の靖国参拝後にも以下のような意見を日米両方で発表しました。

その骨子を紹介します。

「生者は死者に対して謙虚でなくてはならない。死者が政策をまちがった政治指導者だったにせよ、その霊の尊厳を認め、鎮魂することは生者たちの重要な責務なのだ。靖国神社はそうした死者を慰霊する施設であり、『参拝イコール侵略戦争の美化』との批判は的外れだ。私たちは先人の行動を絶対的な正義とか悪とかで判断する立場にはないと思う」

「日本の首相の靖国参拝はA級戦犯合祀のために戦争の正当化となるからよくないという主張がある。だが靖国はA級戦犯だけでなく、祖国の戦争のために亡くなったすべての人の霊を祀っている。その先人たちの行動を絶対的に善か悪かを判断する立場には現代の私たちはない。戦犯とされる人の霊に弔意を表したから、その人の生前の行動すべてに賛意を表明するわけでもない」

ドーク氏はさらに日米の戦没者追悼の比較という新たな角度から見解を述べていました。

「アメリカでは南北戦争で敗れた南軍将兵の墓地が国立のアーリントン墓地にあり、政府高官を含めて多数のアメリカ人が訪れる。歴代大統領が訪れ、弔意を表す。南軍はアメリカ合衆国に敵対して反乱し、奴隷制を守るために戦った軍隊だった。靖国への中国などの主張を認めれば、アメリカ大統領が南軍将兵の霊を悼むことは奴隷制を正当化することともなってしまう。だがアメリカの歴代大統領も国民もそうは考えない。戦没者のすべてが子孫からの敬意を受けるに値すると判断し、平等に弔意を表するのだ。日本側でそう考えたとしても、どんな支障があるのだろうか」

ドーク氏は以上のような明確な見解を改めて述べて、「安倍首相は靖国参拝には外交的、戦略的な意味はなにもないことを証するためにも毎月でも参拝すべきだ」と主張しました。そしてオバマ政権の「失望」表明をも非難しました。そのうえで中国を批判しました。

「中国がこれほど執拗かつ激烈に日本の靖国参拝に干渉することの第一の目的は『日本の弱体化』だと思う。日本の国際的な立場、とくに道義的な立場を弱くするための政治的な攻撃が靖国なのだ。第二には、中国共産党は靖国が持つ精神的、宗教的な要素を受け入れることができない。無神論を標榜する独裁政党であり、個人の自由や権利を認めていないのだ。日本が戦争中の軍事行動でもっとも大きな被害を与えたはずの東南アジア諸国や日本が軍事支配したはず

の台湾から靖国への非難がまったく出ていない事実も注目すべきだ」

ドーク氏の一連のこうした見解は安倍首相の胸にも深く刻まれたようでした。

安倍首相は靖国参拝の半年ほど後の2014年5月、アメリカの主要外交政策雑誌「フォーリン・アフェアーズ」編集局長のインタビューに応じ、靖国参拝をやめるかと問われて、以下のように答えたのです。

「ジョージタウン大学のケビン・ドーク教授は南北戦争での南軍将兵が埋葬されたアーリントン国立墓地を歴代アメリカ大統領が訪れたが、南軍がその保持のために戦った奴隷制の承認を意味はしないと言明しました。靖国参拝についても同じことがいえると思います」

安倍氏はこのようにドーク氏の見解を重くみていたのです。安倍氏は日本国内での論議でもドーク氏の言葉を引用していました。2013年の靖国参拝前の衆議院予算委員会での質疑応答でした。靖国参拝についての安倍首相の見解を問いただしたのは当時、日本維新の会に属していた石原慎太郎議員でした。

安倍首相の答えは以下のようでした。

「国のために命をささげた人たちに対する敬意の表し方は、本来、政治的なものではないわけです。ジョージタウン大学のケビン・ドーク学部長、彼はカソリックでありますが、彼が論文に書いていました。アメリカでは南軍も北軍の兵士もともに埋葬されている、そこに、もし大統領が参拝をしたからといって、決してそれは南軍の奴隷制度を維持するという考え方に賛成

するものではない。ただただ国のために命をかけた人々に対する敬意の表明でしかない、そのように論文を書いていましたが、私も、そのとおりだろうな、と思っております」

安倍晋三氏のこの国会発言はドーク氏の見解への賛意の強さを明示していたといえるでしょう。と同時にアメリカ側には安倍氏の思考や言動、そして政策に同調する識者たちが実は多かったのだ、という歴史的な事実の証明でもあったのです。

第六章

歓迎されたナショナリズム

アメリカの変化

「いやあ、アメリカ議会でも私の憲法改正の動きへの賛成が広がってきたのは、驚きです」

安倍晋三氏は私にそんな言葉を投げかけてきました。狭い寿司カウンターに隣同士に座り、文字どおり体を密着しての会話でした。

思えば、この安倍氏自身の考察がアメリカの国政の場での大きな変化への認知の始まりだったといえます。

2008年8月7日の夜でした。場所は新宿御苑に面したマンションの高層階です。台湾出身の評論家、金美齢氏のゆったりした事務所でした。

金氏は著名な論客で安倍氏の年来の支援者でもありました。その金氏がこのころ日台交流サロンという集まりを定期的に開き、安倍氏を中心の賓客として招いていたのです。安倍氏との長年の交流という理由で私もその集いにときおり招かれました。

私は当時、なお産経新聞のワシントン駐在記者としてアメリカの首都に定住していたのですが、東京に戻っての仕事も増えていました。そんな私に安倍氏自身から金美齢氏を通じての声がかかり、この新宿御苑近くでの少人数の集まりに出るようになりました。

この金美齢氏主催の安倍氏を囲む集いについては他の章でも触れました。ちなみにこの集いは安倍氏が首相の座に返り咲いてからも継続して開かれ、私もときおり参加しました。

さてこの夜は神宮外苑の花火大会に合わせて、「花火を観る寿司パーティー」などという金美齢さんのセンスのよいネーミングでの集いでした。

でもその実態は安倍氏を囲む会でした。参加は20数人というところでした。安倍氏の側近の国会議員たちのほかに元外交官の岡崎久彦氏、政治評論家の三宅久之氏らがいました。

そのパーティーでは金さんのアレンジで新宿の老舗の寿司店がこの事務所の一室内に小さな模擬店のカウンターを開いていました。数人ずつが座って、お好みの寿司を食べるというスタイルでした。たまたま私は安倍氏のすぐ隣に座り、懇談となったわけです。

ワシントンから戻ったばかりの私ですから自然と話題はアメリカの国政での日本にからむ動きということになります。

安倍氏は言葉を継ぎました。

「とくにアメリカ議会のリベラル派長老のトム・ラントス議員までが私の主導する改憲の運動を支持すると述べたことには、びっくりしました。なにしろラントス氏といえば、下院外交委員会の委員長として私を非難する慰安婦問題決議を推進した責任者の1人だったのですからね」

私は「ラントス議員の日本の改憲支持」という動きについては、実はすでに知っていて、産経新聞で報道もしていました。日本側では他のメディアには出ませんでした。だが日米関係ではきわめて重要な動きだったのです。

安倍氏は最初に総理の座に就いてからちょうど一年ほどの２００７年9月、持病の潰瘍性大腸炎の悪化のために突然という形で辞任しました。その後、回復し、前首相として野党の指導者となり、新たに政権を奪った民主党への批判を展開していました。

その安倍氏が私にラントス議員の日本の改憲賛成の重要性を告げたのは首相辞任から一年近くが過ぎた時点でした。当時のアメリカ国政ではラントス氏は民主党リベラル派の長老でした。ハンガリー生まれのユダヤ系の人物で、少年時代にはナチス・ドイツの強制収容所に入れられた体験があったのです。

ラントス氏は戦後、家族とともにアメリカに移住して、アメリカ国民として社会での成功をおさめ、連邦議会の下院議員となり、当選を重ねていました。

ラントス氏は議会では２００７年には外交委員長として下院に提出された慰安婦問題で日本政府を非難する決議案の審議を推進する立場にあったのです。しかもラントス議員自身が同決議案の発案者のマイク・ホンダ議員らに同調して、安倍政権への批判の言葉までも述べていました。

ところが安倍氏が首相として２００７年4月にワシントンを公式訪問し、連邦議会の有力議員10数人と会談した際、ラントス議員が以下のように述べたのです。

「日本はいまや経済や開発援助の分野ですばらしい役割を果たしている。安全保障分野でも日本は大国にふさわしい役割を果たすべきであり、そのために憲法を改正しようとする安倍晋三首相の方針を私は強く支持する」

ラントス議員はこの時点で日本の安全保障の役割拡大、そして日米同盟の強化には現行の憲法が障害だとみなす認識を保持していたといえます。この時期、慰安婦問題決議案により下院の民主党議員たちの間では日本の政府や安倍首相の非難が浮上していたのに、ラントス議員は安倍首相との顔合わせの会談でその件にはまったく触れず、憲法改正への支持を強調したのです。

私はこのラントス発言を重要ニュースだとみなしました。２００７年春という時点でアメリカ国政では日本との同盟の強化や日本独自の防衛力増強を支持する保守層や共和党側では日本の憲法が決定的な障害だとみて、その憲法の改正への動きに賛成のメッセージを送っていたのです。

ところが民主党リベラル派はそれまでアメリカ自身の軍事力強化にも留保をつけ、日本を結果として軍事的に強くする改憲にも反対という傾向が長く続いていたのです。

この種の「日本を軍事的に弱いままにしておく」という思考は１９９０年代のアメリカ海兵隊司令官の「日米安保条約は日本の軍事強国化を抑えるためのビンの蓋だ」という発言にまでさかのぼります。しかしこの司令官は当時のアメリカ政府の方針にも反する発言をしたとして懲罰的な人事処遇を受けました。

安倍氏は首相在任中にワシントンで体験したこのラントス議員の意外な発言をそれから１年４ヵ月ほど後の東京での内輪の会合で私に改めて指摘し、その重要性を強調した、というわけです。

安倍氏にとってこの日本の憲法改正という課題がいかに巨大で重大だったか、本書の第二章でも説明してきました。

「イエスといえる日本」

さて前章まではアメリカ側での安倍氏に対する批判や非難に焦点を絞り、報告してきました。慰安婦問題、そして靖国神社参拝問題でのアメリカ側の一部からの非難でした。ここでまたあえて「一部」という言葉を強調しておきます。

繰り返し述べてきたように、安倍氏に対するアメリカ側での非難は表現が激しく、一部からの声だけだったとしても、大きな叫び声、激しい糾弾だから目立ちます。

しかし同時に表面には出ないけれども根強く広範な安倍氏支持の層も存在したのです。支持派は大きな声はあげないので、目立たないことになります。この支持派は共和党側だけに限らず、民主党側にも少しずつ、しかし着実に広がっていたという側面があったのです。その超党派の安倍氏支持の象徴がこのラントス発言だともいえたのです。

安倍氏は首相に就任する前から、とくに共和党の二代目ブッシュ政権からは強く支持されていました。安倍氏は最初の首相就任の前年の２００５年5月に、自民党幹事長代理という肩書でワシントンを訪問しました。

この訪米ではアメリカ側は当時のディック・チェイニー副大統領やコンドリーザ・ライス国務長官らの要人があいついで会談に応じました。

日本側の政府のトップでもなく、与党の長でもない安倍氏に対して、ブッシュ政権は明らかに次期首相としての厚遇をしたのです。

実際に首相となった安倍氏は２００６年11月にベトナムの首都ハノイで二代目ブッシュ大統領との初の首脳会談にのぞみました。安倍氏は祖父の岸信介元首相がブッシュ大統領の祖父のプレスコット・ブッシュ元上院議員とともにゴルフをした古い記念写真をパネルにしてプレゼントするという気配りぶりでした。

ブッシュ大統領も日本との同盟関係の重視を確認し、日米両国が共有する自由、民主主義、人権、法の支配など普遍的価値観を強調しました。

この時期、アメリカ側では保守派は安倍氏が主張する日本の自立性の強化や国益の追求という姿勢をも歓迎していたのです。この「自立性」や「国益」というのはアメリカのリベラル派が「安倍晋三のナショナリズム」として攻撃した標的でした。ところが保守層の識者たちは逆にそれを歓迎したのです。

ブッシュ政権に近い大手研究機関「ＡＥＩ」のダン・ブルーメンソール、ギャリー・シュミット両研究員は雑誌「ウィークリー・スタンダード」２００６年10月上旬最新号に「イエスといえる日本＝われわれは安倍首相のナショナリズムを歓迎すべきだ」と題する論文を発表しました。

その論文は「安倍氏のナショナリズムはアメリカでもなじみの深い自由主義ナショナリズムであり、アジア全体にプラスの効果を発揮する」と安倍氏の姿勢を歓迎していました。ブルーメンソール氏は二代目ブッシュ政権での国防総省中国部長、シュミット氏は日米安保問題の専門家でした。

両氏の論文はさらに安倍氏が日本の外交政策の正面に民主主義の促進を掲げた点は民主主義の有志連合としてインド、オーストラリア、アメリカとの協力強化につながるとして、支持を表明していました。安倍首相主導下の日本が将来、独裁国家の中国や北朝鮮への有力な対抗勢力となることへの期待が明白でした。

同論文はまた日本の歴史問題について安倍氏を強く擁護するような以下の主張を述べていました。

「中国は自国民数千万の死に責任を負うべきなのに、反日の合唱を続け、歴史を日本を孤立させるための外交武器に利用している。アメリカ政府はその中国の策略を読んで、日本が『普通の国家』になることを支援すべきだ」

アメリカ学界で東南アジアの専門家として知られたフィリップ・ボウリング氏も「アジアは外向的な日本を歓迎する」と題する論文で安倍首相がアジアのほとんどの国では歓迎されているのだ、と評価しました。安倍首相の登場直後の２００６年10月のインターナショナル・ヘラルド・トリビューン紙アメリカ版に掲載された論文でした。

この論文は以下の骨子を述べていました。

「安倍首相の登場に対し中国と南北朝鮮だけは『ナショナリズムの再興』などとして警戒しているが、他のアジア諸国は安倍氏が日本の戦後の制約を除去して、地域的、世界的に、より積極的な役割を果たす展望を歓迎している」

「核武装した中国の力が増し、アメリカの覇権が侵食されるアジアの現況では安倍政権下の日本はパワーの均衡をもたらす。アジアのほとんどの国は日本の通常戦力の強化を中国との均衡という意味で歓迎しているし、中国の経済進出より日本の投資を望んでいる」

当時の安倍新政権登場に対してはワシントンの他の専門家たちはさらに、インドネシアのユウォノ・スダルソノ国防相がロイター通信との会見で安倍政権について（1）東アジアの安全保障でのより積極的な役割を中国との均衡という点で歓迎する（2）日本の防衛庁を防衛省に昇格させ、「普通の国」となることを望む（3）アメリカとの同盟関係を保ちながらも自主防衛能力を高める日本を望む――などと述べたことを注視し、東南アジアは安倍政権の防衛重視の動きに大きな期待を寄せているのだ、と主張していました。

この時期、アメリカでは前述のように安倍氏に対して慰安婦問題などでリベラル派からは激しい非難が浴びせられていたのです。しかし同時に安倍氏を強く支持する以上のような意見もあったことは銘記すべきです。そしてこの支持の動きがやがて大勢となっていくのです。

米政権側に支持されていた

安倍氏自身も首相に就任してすぐに持論の「戦後レジームからの離脱」に向かうような政策をつぎつぎに打ち出していきました。日本を半国家のように自縄自縛にする現憲法の改正、そのための国民投票法の制定、自国の防衛力の増強、日米同盟の強化、自国の歴史を正しく教えない教育の改革などなど、「普通の国家」へ向けての大胆な前進でした。

この種の動きはアメリカ側のリベラル派、そして日本側の左翼勢力からみれば「危険な安倍ナショナリズム」とか「戦前の軍国主義への復帰」と糾弾されたことは周知のとおりでした。

しかし当時の政権の座にあった側からは安倍氏の政策や思考は堅固に支持されていたことは重視すべき事実でした。二代目ブッシュ政権の中枢にいたマイケル・グリーン氏は安倍氏を全面的に支援する考察を大手外交雑誌の「フォーリン・アフェアーズ」２００７年3月号掲載の長文の論文で明らかにしていました。

グリーン氏はすでに紹介したように、日米両国で広く知られたアメリカ側の日本専門家です。とくに日米安全保障問題に詳しい学者出身の官僚でした。同氏は２００1年に登場した二代目ブッシュ政権で国家安全保障会議のアジア部長を務めました。２００5年からは政権を離れ、民間で活動していました。

グリーン氏のこの論文は「日本が復帰した・東京の新しい自己主張はワシントンにとって好

ましい」と題されていました。まさに安倍首相の積極的な政策はアメリカにとっても好ましいという趣旨なのです。その論文の骨子は以下のようでした。

「安倍政権は日本の長年の消極的平和主義や孤立主義を捨てて、アジアの将来を形成する戦略的役割へと進み始めた。安倍首相は防衛庁を防衛省へと昇格させ、憲法9条の改正を宣言し、日米同盟の強化を意図し、安全保障面でのより積極的な姿勢を明確にした」

「安倍首相のこの新たな自己主張をナショナリスティックとか再軍備志向として危険視することとは間違いだ。安倍氏の姿勢は中国の膨張への戦略的均衡を目指す動きであり、ベトナム、タイ、シンガポール、インドネシアなども歓迎している。アメリカも東アジアの安定という観点から歓迎すべきだ」

この意見は当時の二代目ブッシュ政権の見解そのものといえたのです。なぜならグリーン氏は同政権のアジア政策の責任者を5年ほど務めていたからです。この論文が発表されたのはなお二代目ブッシュ大統領が再選を果たし、二期目の政権が続いて、安倍氏が首相に就任して半年ほどの時期でした。

しかし安倍氏は当初の首相の座を一年で降りました。せっかくの新政策も水泡に帰すという印象もあったでしょう。だがアメリカ側で安倍氏の政策を支持していた保守傾向の識者の間ではこの一期目の短命の安倍政権に対しても高い評価がありました。

この種の前向きの評価はこれまで何度か紹介してきたジョージタウン大学のケビン・ドーク

教授の言葉に代表されていました。

ドーク氏は最初の安倍政権の総括の評価を安倍氏が持病の悪化のために唐突に首相辞任の意向を表明した時期の２００７年９月中旬に語ってくれました。私はその要旨を産経新聞で報じました。

ドーク氏はまず安倍首相の約一年の在任の総括として「安倍氏は比較的、短い在任期間に日本の他の多くの首相よりもずっと多くの業績を残したが、その点がほとんど評価されないのは公正を欠く」と述べました。安倍氏がアメリカでは日本の歴代首相のうちでも「明確なビジョン」を持った指導者としての認知度がきわめて高く、アメリカの対テロ闘争への堅固な協力誓約で知られていた、とも語ったのです。

ドーク氏はそして安倍首相の業績として（１）教育基本法の改正（２）改憲をにらんでの国民投票法成立（３）防衛庁の省への昇格――の３点をあげました。

ドーク氏はさらに以下の要旨を語りました。

「アメリカでは安倍首相への認知が肯定、否定の両方を含めてきわめて高かった。たとえば、森喜朗氏、鈴木善幸氏など日本の他の首相の多くとは比較にならないほど強い印象を米側に残した。

安倍氏は慰安婦問題で当初、米側から強く反発されたが、日本の今後のあり方について明確なビジョンを示したダイナミックな指導者として歴史に残るだろう。安倍氏がアメリカの対国際テロ闘争に対し堅固な協力を誓約したことへの米国民の認識も高い」

「安倍氏は戦後生まれの初の首相として日本の国民主義と呼べる新しい戦後ナショナリズムを主唱して、国民主権の重要性を強調し、対外的には国際関与を深める道を選んだ。安倍氏が『美しい国へ』という著書で日本の長期の展望を明示したことは、今後消えない軌跡となるだろう」

「現在の日本での安倍氏への評価は戦後の旧来の産業社会の文化や規範を基準としており、情報社会の文化基準を適用していないために、『戦後レジームからの脱却』などがあまりよく理解されず、支持されないという側面もあったと思う」

ドーク氏のこれほど前向きな言葉は安倍氏のその後のアメリカ側での高評価の土台だったといえましょう。安倍氏の真価を後に礼賛するようになる識者たちはほとんどが安倍氏のこの種の特徴や実績を指摘したのです。

安倍氏の当時の突然の辞任は日本国内では当然ながら無責任とか政治生命の終わりだという非難をも生みました。その種の批判はアメリカ側の一部でもありました。しかしドーク氏はその点にも前向きな光を当てていました。

「逆説的ではあるが、安倍氏の辞任表明の時期や方法も、それ自体が業績となりうると思う。唐突な辞任表明での責任の問題もあるだろう。だが安倍氏が国民投票法など本来、まずしたいと思ったことを達成し、さっと辞任するという動き自体がこんごの政治指導者の模範例となり

う る」

リビー大統領補佐官との親交

安倍氏は2007年9月から2012年12月までは野党政治家だったわけです。しかし安倍氏とアメリカとの関係を俯瞰すると、皮肉なことに彼のこの在野の期間に、また一段と米側の支援が強くなったのです。

アメリカではこの間、共和党の二代目ブッシュ大統領が二期の政権保持を終えて、退任しました。2009年1月には民主党のバラク・オバマ大統領が登場しました。

このころには安倍氏も体調を回復し、アメリカとの交流も再開していました。そしてアメリカ国政の幅広い層と接触し、その支持を広げていったのですが、その新たな動きでは先にも述べたように、二代目ブッシュ政権の要人たちが大きな役割を果たしました。

そのなかでも同政権の大統領補佐官だけでなく、チェイニー副大統領の首席補佐官を務めていたルイス・リビー氏と安倍氏との親交は特筆しておくべきです。リビー氏は安倍氏の思想や政策に共鳴し、アメリカの国益という立場から国政レベルの幅広い層に安倍氏の価値を伝えるという安倍氏にとってのきわめて貴重な貢献をしたからです。

私はリビー氏、安倍氏の両方からその交流や相互の尊敬の念について直接に聞く機会を何年にもわたって得てきました。なおリビー氏はスクーターというニックネームがあり、公私ともに、そちらの方がファーストネームのようになっていました。だから安倍氏もリビー氏のことはスクーターと呼んでいました。

リビー氏は二代目ブッシュ大統領の安保担当の補佐官、チェイニー副大統領の首席補佐官を同時に務めていた2001年春、安倍氏と一対一で初めて顔を合わせ、親しく懇談をしたそうです。場所はホワイトハウス内のリビー氏の副大統領首席補佐官のオフィスでした。

官職を通じての日本との接触も長かったリビー氏はその以前にも安倍氏の業績についてはよく知っていたけれども、直接に対面でじっくりと話しあう機会はそれが初めてで、安倍氏の政治観、世界観にすっかり魅了されたとのことでした。

ただしリビー氏はアメリカでは保守本流の有力者でした。歴代政権の外交や安全保障の実務を担当してきた経歴から、安倍氏への高い評価にも当然、アメリカの対日政策や日米同盟の将来にとっての寄与という視点も大きかったといえそうです。

2001年春といえば、安倍氏はまだ小泉政権の官房副長官でした。一方、リビー氏は二代目ブッシュ政権の中枢にあり、安倍氏を同政権のチェイニー副大統領やドナルド・ラムズフェルド国防長官、コンドリーザ・ライス国務長官に紹介することになります。

リビー氏は安全保障に詳しい研究者から弁護士となり、アメリカ議会で働いた後、なお若くして1980年代、レーガン政権の国務省の政策企画局という重要部門の専門官となりました。担当は日本を含む東アジアでした。日本には学生時代から深い関心を抱き、各地を旅した経験も多かったとのことです。

リビー氏はレーガン政権時代に米空軍のF16戦闘機を日本の三沢米軍基地に配備するという計画を立案し、実行にあたった実績もありました。当時の同氏は国防総省の副次官という地位にありました。この配備はアメリカとソ連が対決する東西冷戦の東アジアでの軍事バランスを米側に大きく傾かせ、ソ連に威圧を与えるという抑止効果がありました。この種の抑止力への信奉という点でもリビー、安倍両氏は基本スタンスが一致していたわけです。

安倍氏が2006年9月に首相になると、なお二代目ブッシュ政権の中枢にあったリビー氏との連携はこんどは政府対政府という重みを加えて、密になりました。

しかし同ブッシュ政権は2009年1月に民主党オバマ政権へと交替します。その結果、民間に戻ったリビー氏はワシントンの大手研究機関のハドソン研究所に入り、副所長となりました。この時期は安倍氏も政権を離れ、野党の指導者という立場でした。

リビー氏は保守系のハドソン研究所を動員する形で在野の安倍氏を支援し続けました。この時期にワシントンを訪れた安倍氏を歓迎するハドソン研究所主催の昼食会に私も参加したことがあります。

主要ホテルの広大な宴会ホールで開かれたこの集いにはラムズフェルド前国防長官や後に駐日大使に任命されたケネス・ワインスタイン・ハドソン研究所所長、議会上下両院の有力議員たちがずらりと並び、主賓の安倍氏への激励や礼賛の言葉を述べ続けました。まるで日本の現職の首相を招いたような歓迎ぶりだったのです。安倍氏はこの在野時代にアメリカでの理解や支援を大幅に広げていったといえます。

ハドソン研究所での受賞演説

ハドソン研究所自体はその後、成長と拡大を続けました。２０１６年３月にはそれまでワシントン市内でもホワイトハウスからはやや離れていた地域から中心部のペンシルベニア通りの新装ビルへと移転しました。このビルの開所式にはちょうど他の公式行事のためにワシントンを訪れた安倍首相がまず最初に出席しました。

このハドソン研究所の安倍氏への支援は２０１３年９月にはハーマン・カーン賞の授賞という形をとりました。

ハーマン・カーンとはアメリカでも著名な国際戦略研究家、未来学者でもあり、１９６１年にハドソン研究所を創設して初代の所長となった人物です。同研究所では保守志向のカーン氏を記念して定期的に外交や戦略で功績をあげた人たちにこの賞を与えてきました。

それまでにはロナルド・レーガン元大統領、リチャード・チェイニー元副大統領、ヘンリー・キッシンジャー元国務長官といった保守派の大物が受賞しました。安倍氏はその賞の初めてのアメリカ人以外の受賞者となったのです。

その受賞式典はニューヨークの由緒あるピエール・ホテルで開かれました。安倍氏は各界の著名人がずらりと並ぶその式場で堂々たる演説をしました。この演説は大きな反響を呼び、アメリカで安倍晋三氏の信念や思考を幅広く知らせる有効な発信ともなりました。

この演説の主要点を紹介しておきましょう。

「スクーターありがとう、ケンも、ご友人の皆様、スターン会長も、とても嬉しく存じます。

本当にありがとうございます。

そして本日、みなさま方は私を、外国人で初めての受賞者にしてくださいました。こんなにありがたいことはありません」

安倍氏が冒頭でまずあげた名前のスクーターというのはもちろん前述のルイス・リビー氏のことです。リビー氏の長年の友好、とくに安倍氏のアメリカ国政の舞台への紹介は大きかった。だから安倍氏も十二分にそれを意識して、ハドソン研究所の所長や会長よりも先にリビー氏への謝意を述べたのです。

安倍氏はこの演説で当然ながら日本の現状と未来について語りました。

「実は日本で、総理を二度務めた人物はほとんどおりません。しかし、経済の惨状たるや余りに深刻で、私は有権者に再度選ばれるに至ったのです。ならば私にとって第一の、何にも優先する課題とは、経済の再建にほかなりません。

まず日本人の中にあった内向きの心理を、思い切ってもう少し大胆になってもらうよう勇気づけるため、いわゆる第一の矢として射込んだ。それは、これまで前例のなかった金融政策で

した。
次に、財政の健全化と成長の促進の間で正しい均衡を取るために、第二の矢として柔軟な財政政策を打ちました。そしてまさしくいまわれわれが射込んでいる第三の矢は、アンクル・サム、あなたを必要としています。なんとなればそれは、日本を外国からの投資に対し一層、開こうとするものだからです」

アメリカ側が気にかける日本経済の展望に触れ、アベノミクスの3本の矢を説明しながら、アンクル・サム、つまりアメリカの協力が不可欠だと強調するのです。安倍氏のアメリカへの語りかけには、いつもアメリカのよいところ、強いところを指摘して、それとなく礼賛し、日本もともに歩む、という基本のメッセージを伝える、という感じなのです。

安倍氏の次の言葉も重要でした。

「これからのインド・太平洋の世紀を、日本とアメリカは一緒になって引っ張っていくべきであると私は信じております。目指すのは、自由、民主主義、人権、そしてルールに基づく秩序を尊ぶ世紀です」

自由や民主主義という普遍的な価値観を日本はアメリカと共有し、だからこそそのうえに日米同盟が築かれているのだ、というのも安倍氏の年来の訴えでした。

安倍氏はそしてその日米同盟、つまり日本とアメリカの安全保障面での協力について、基本的な問題点を提起しながら、米側にアピールしていきました。

「ここで安全保障の問題に話題を転じたいと思います。問われているのは次のようなこと、すなわち、いまや脅威がボーダーレスとなったこの世界で、日本はきちんと役割を担うことができるかという問題です。具体例でお話しします。

第一の例は国連PKO（平和維持活動）の現場です。日本の自衛隊が別の国、X国の軍隊とかかとを接して活動していたとします。そこで突然X軍が攻撃にさらされるという事態が起きました。X軍は近くに駐屯する日本の部隊に助けを求めます。

しかしながら日本の部隊は助けることができません。日本国憲法の現行解釈によると、ここでX軍を助けることは憲法違反になるからです。

もうひとつの例。今度は公海上です。

日本近海に米海軍のイージス艦数隻が展開し、日本のイージス艦と協力してあり得べきミサイル発射に備えているとします。これらの艦船はそのもてる能力をミサイル防衛へ集中させるあまり、空からの攻撃に対してはかえって脆弱になっていたと、そういうケースです。

そこへもってきて突然、米イージス艦1隻が航空機による攻撃を受けたとします。またしても日本の艦船は、たとえどれだけ能力があったとしても、米艦を助けることができません。なぜならば、もし助けるとそれは集団的自衛権の行使となり、現行憲法解釈によると違憲になってしまうからなのです。

まさにこういった問題にいかに処すべきか、わたしたちはいま真剣に検討しております」

この点はまさに日米同盟の片務性についてです。そしてその欠陥への日本側の対応を安倍氏なりに示したのです。再登板した首相として平和安全法制による日米同盟の片務性の緩和への前進を示唆したともいえます。

さらに演説は続きます。

「ですから私は、日本経済の再建に一所懸命に努力しつつ、同時にわが国の安全保障の仕組みを新たなるものにしようと、やはり懸命に働いているわけです。

日本はまったく初めてのこととして、国家安全保障会議（ＮＳＣ）を設立します。同じくまったく初めてのこととして、我が国は国家安全保障戦略を公にします。日本が大切にしているものとはいったい何で、日本の目指すところは何かということをそこでは記すこととなるでしょう。

そして本年、我が政府は実に11年ぶりに防衛費を増額しました。いったいどれだけとお知りになりたいでしょう。

でもその前に、日本のすぐ隣には軍事支出が少なくとも日本の2倍で、アメリカに次いで世界第2位という国があります。この国の軍事支出の伸びを見ますと、もともときわめて透明性が低いのですが、毎年10％以上の伸びを、１９８９年以来20年以上続けてきています」

安倍氏はもちろん中国について語っています。中国の異様な軍拡を提起したうえで日本の防衛予算について次のように述べました。

「さてその上で、私の政府が防衛予算をいくら増額したかというと、たったの0・8％に過ぎないのです。

従って、もし皆様が私を右翼の軍国主義者とお呼びになりたいのであれば、どうぞそうお呼びいただきたいものであります。

日本という国はアメリカが主たる役割を務める地域的、そしてグローバルな安全保障の枠組みにおいて、鎖の強さを決定づけてしまう弱い環であってはならないということです。

日本は世界の中でもっとも成熟した民主主義国の一つなのだから、世界の厚生と安全保障にネット（差し引き）の貢献者でなくてはならないということです。

日本はそういう国になります。日本は地域の、そして世界の平和と安定に、いままでにも増してより積極的に貢献していく国になります。みなさま、私は私の愛する国を積極的平和主義の国にしようと決意しています」

安倍首相のハドソン研究所授賞式での演説はこれでほぼ終わりです。この内容を点検すると、安倍氏の対米メッセージが明確になります。日本経済の再興、日米同盟の片務性への対処、中国の軍拡への懸念、そして積極的平和主義の目標と、アメリカ側、とくに保守派が待ち望む日本のあるべき姿だともいえます。

そんな内容を安倍氏は首相に返り咲いて一年の時点で力強く、米側に発信したのです。米側では保守派ならずとも、幅広い層が歓迎する日本からのメッセージでしょう。

「希望の同盟へ」

安倍氏の英語はなかなか上手です。帰国子女ふうの流暢さはないけれども、米英のネイティブのスピーカーにはよく通じる明確な英語です。自分で一生懸命に勉強して身につけた実力のある英語だといえます。安倍氏がそのためにこの種の英語のスピーチの練習を自宅でも日夜、繰り返していたというエピソードは昭恵夫人からの口からも語られてきました。

しかし安倍氏のアメリカ向け演説ではなんといっても最重要だったのは連邦議会の上下両院合同会議での「希望の同盟へ」と題するスピーチでした。２０１５年4月29日、日米戦争の終結70周年を記念する重要演説でした。

安倍氏は首相の座に返り咲いてから2年半ほどの時点でアメリカ議会から超党派の招きを受けました。上下両院での演説という名誉です。アメリカ側は民主党のバラク・オバマ政権でしたが、安倍政権との関係も良好になっていました。

この画期的な安倍演説の要点を紹介しましょう。まず冒頭に安倍首相は次のような言葉を述べました。

「議長、副大統領、上院議員、下院議員の皆様、ゲストと、すべての皆様、

１９５７年６月、日本の総理大臣としてこの演台に立った私の祖父、岸信介は、次のように述べて演説を始めました。

『日本が、世界の自由主義国と提携しているのも、民主主義の原則と理想を確信しているからであります』

以来58年、このたびは上下両院合同会議に日本国総理として初めてお話しする機会を与えられましたことを、光栄に存じます。お招きに、感謝申し上げます」

日本の首相がアメリカ議会で演説をした前例としては吉田茂、岸信介、池田勇人の3人でした。しかしいずれも上院、あるいは下院だけでの演説だったのです。上下両院合同会議での演説は安倍氏が初めてでした。

安倍氏はその歴史に触れ、しかも自分の祖父がアメリカの議員たちに向かって自由主義、民主主義をまず日米の共通項として強調したことを語ったわけです。安倍氏らしい対アメリカ姿勢の基本だといえます。

安倍氏はそしてマイク・マンスフィールド氏などアメリカの議会から駐日大使になった人物たち、その他の対日関係に貢献した有力者の名をあげ、謝意を述べました。そのうえで自分自身のアメリカとのかかわりを軽快な口調で語っていきました。

安倍氏が学生時代にカリフォルニア州に留学し、ホームステイしたイタリア系の未亡人の明るく温かかったもてなし、後に鉄鋼メーカーに就職し、ニューヨーク勤務となった際のアメリカ人の同僚や先輩の実力主義や自己主張の明確さを前向きに語りました。そのアメリカ文化に影響されたのか、後に日本の政界での先輩大物議員たちから「安倍は生意気だ」と言われたとも述べて、米側議員たちの笑いを誘いました。

そして安倍氏は口調を改め、今回の訪米で第二次大戦の戦死者多数を星の形で弔ったメモリアル殿堂を訪れた体験を語りました。

「真珠湾、バターン・コレヒドール、珊瑚海……、メモリアルに刻まれた戦場の名が心をよぎり、私はアメリカの若者の、失われた夢、未来を思いました。

歴史とは実に取り返しのつかない、苛烈なものです。私は深い悔悟を胸に、しばしその場に立って、黙祷を捧げました。

親愛なる、友人の皆さん、日本国と、日本国民を代表し、先の戦争に斃れたアメリカの人々の魂に、深い一礼を捧げます。とこしえの、哀悼を捧げます」

日本の首相のアメリカ向けの演説は日米の戦いの歴史に触れざるをえません。両国間の関係ではあまりに重い出来事だからです。しかしこの安倍氏の言葉は歴代の日本の首相や政治家の同種の言辞とはやや異なっていました。日本側の戦争への罪や責任を強調して、謝罪するという要素が少なかったのです。

そのかわりにアメリカ側の戦死者への哀悼の意を心をこめたような表現で繰り返しました。日本側では年来、日米戦争はとにかく日本が悪であり、その非を米側にも伝えて、ひたすら謝るというパターンが多かったといえます。しかしこの安倍氏の言辞は異なっていました。

安倍氏はこの点を強調するかのように、これまでの日本の政治家がまったく試みなかったような日米戦争観を展開していきました。

「皆様、いまギャラリーに、ローレンス・スノーデン海兵隊中将がお座りです。70年前の2月、23歳の海兵隊大尉として中隊を率い、硫黄島に上陸した方です。

近年、中将は、硫黄島で開く日米合同の慰霊祭にしばしば参加してこられました。こう、仰っています。

『硫黄島には、勝利を祝うため行ったのではない、その厳かなる目的は、双方の戦死者を追悼し、栄誉をたたえることだ』

もうおひとかた、中将の隣にいるのは、新藤義孝国会議員。かつて私の内閣で閣僚を務めた方ですが、この方のお祖父さんこそ、勇猛がいまに伝わる栗林忠道大将・硫黄島守備隊司令官でした。

これを歴史の奇跡と呼ばずして、何をそう呼ぶべきでしょう。

熾烈に戦い合った敵は、心の紐帯が結ぶ友になりました。スノーデン中将、和解の努力を尊く思います。ほんとうに、ありがとうございました」

アメリカ議会の上下両院議員たちはここで割れるような拍手を送りました。ほぼ全員が立ち上がってのスタンディング・オベーション、総立ちの喝采でした。それでなくてもこの安倍演説は冒頭に近い部分から頻繁に大きな拍手によってさえぎられていました。

上院100人、下院435人、ほぼすべての議員が顔をそろえての合同会議での基調演説です。安倍氏のわかりやすい英語での友好と信頼のメッセージは超党派で受け入れられたといえます。

とくにこの硫黄島での激戦に関する部分は日本とアメリカの戦争は両国が正面から正々堂々と戦ったのだ、とする認識を前提にした点が超重要でした。戦死者への深い追悼にとくに気持ちをこめた点と合わせてアメリカ側の議員の心にアピールしたという感じでした。

太平洋戦争でももっとも激しい戦いの一つだった硫黄島の戦闘の日米双方の当事者と関係者を並べて、おたがいに健闘をたたえあうというプレゼンテーションでした。

その提示には戦争の一方が正義で他方は邪悪という前提も示唆もありません。ともに自国のために死力を尽くして闘った、という前提だといえます。その戦闘での死者のすべてを追悼し、栄誉をたたえる、という態度でした。

ただし安倍氏は以下のような言葉をもつけ加えました。

「戦後の日本は、先の大戦に対する痛切な反省を胸に、歩みを刻みました。自らの行いが、アジア諸国民に苦しみを与えた事実から目をそむけてはならない。これらの点についての思いは、歴代総理とまったく変わるものではありません。

アジアの発展にどこまでも寄与し、地域の平和と、繁栄のため、力を惜しんではならない。自らに言い聞かせ、歩んできました。この歩みを私は、誇りに思います」

アメリカに対する評価の集大成

安倍氏はさらにアメリカが戦後の貧しい日本を経済面で援助したことを強調します。アメリカは民主主義や人権尊重という普遍的な価値観を基礎に貿易や産業の面でも日本だけでなく韓国や東南アジア諸国をも助けたという経緯を説明しました。なかでも日本の受益は大きく、やがては世界第二の経済大国にまで成長したことを力説します。

しかし安倍氏は日本が経済面でいまもなお市場開放や構造改革の必要があり、アメリカとの協力でその改革を進めることをも強調しました。

「親愛なる、同僚の皆様、戦後世界の平和と安全は、アメリカのリーダーシップなくして、ありえませんでした。

かえりみて私が心から良かったと思うのは、かつての日本が、明確な道を選んだことです。その道こそは、冒頭、祖父の言葉にあったとおり、アメリカと組み、西側世界の一員となる選択にほかなりませんでした。

日本は、アメリカ、そして志を共にする民主主義諸国とともに、最後には冷戦に勝利しました。この道が、日本を成長させ、繁栄させました。そしていまも、この道しかありません」

安倍氏はやがてアジア太平洋の安全保障に話を転じ、アメリカ側のアジアへの「リバランス（回帰）」を支持すると語ります。これは当時のオバマ政権が打ち出した政策であり、標語でした。

安倍氏はそして安倍政権としての安保政策に触れていきました。

「アジアの海について、私の3つの原則をここで強調させてください。

第一に、国家が何か主張をするときは、国際法にもとづいてなすこと。第二に、武力や威嚇は、自己の主張のために用いないこと。そして第三に、紛争の解決は、あくまで平和的手段によること。

太平洋から、インド洋にかけての広い海を、自由で、法の支配が貫徹する平和の海にしなければなりません。そのためにこそ、日米同盟を強くしなくてはなりません。私たちには、その責任があります」

この部分は明らかに安倍氏が明確な政策として打ち出していく「自由で開かれたインド太平洋」構想の基本線でした。

安倍氏はさらに続けてこの時点での日本が平和安全法制をきちんとして法律にしようとしている背景を踏まえて、その新法の日米同盟への効用を話していきます。

「日本はいま、安保法制の充実に取り組んでいます。実現のあかつき、日本は危機の程度に応じ、切れ目のない対応が、はるかによくできるようになります。

この法整備によって、自衛隊と米軍の協力関係は強化され、日米同盟は、より一層堅固になります。それは地域の平和のため、確かな抑止力をもたらすでしょう。

戦後、初めての大改革です。この夏までに、成就させます」

安倍氏はまた安全保障に関して日本がアメリカとの同盟だけでなく、国際的な活動にも貢献を増すことを強調しました。

「日本は１９９０年代以来、５万人にのぼる自衛隊員が、人道支援や平和維持活動に従事しました。カンボジア、ゴラン高原、イラク、ハイチや南スーダンといった国や、地域においてです。

これら実績をもとに、日本は、世界の平和と安定のため、これまで以上に責任を果たしていく。そう決意しています。そのために必要な法案の成立を、この夏までに、必ず実現します。

国家安全保障に加え、人間の安全保障を確かにしなくてはならないというのが、日本の不動の信念です」

「自衛隊員が積み重ねてきた実績と、援助関係者たちがたゆまず続けた努力と、その両方の蓄積は、いまやわたしたちに、新しい自己像を与えてくれました。

いまや私たちが掲げるバナーは、『国際協調主義にもとづく、積極的平和主義』という旗です。

繰り返しましょう。『国際協調主義にもとづく、積極的平和主義』こそは、日本の将来を導く旗印となります」

安倍氏独自の「積極的平和主義」という政策用語については第二章で詳しく説明しました。従来の日本国内の一部で持てはやされてきた「平和主義」とは根幹から異なる概念です。

さて安倍氏の演説は最終部分に入ったなというあたりで語調を明白に和らげました。

「私がまだ高校生だったとき、ラジオから流れてきたキャロル・キングの曲に、私は心を揺さぶられました。

『落ち込んだ時、困った時、……目を閉じて、私を思って。私は行く。あなたのもとに。たとえそれが、あなたにとっていちばん暗い、そんな夜でも、明るくするために』

２０１１年3月11日、日本に、いちばん暗い夜がきました。日本の東北地方を、地震と津波、原発の事故が襲ったのです。

そして、そのときでした。米軍は未曾有の規模で救難作戦を展開してくれました。本当にたくさんのアメリカ人の皆さんが、東北の子供たちに、支援の手を差し伸べてくれました。

私たちには、トモダチがいました。

被災した人々と、一緒に涙を流してくれた。そしてなにものにもかえられない、大切なものを与えてくれた。

――希望、です」

安倍氏は東日本大震災の日本の救援をアメリカ軍が大規模な「トモダチ作戦」として引き受けてくれたことに触れ、その救援が日本への希望となった、と述べたのでした。そして以下のように、この歴史的な演説を終えたのです。

「アメリカが世界に与える最良の資産、それは、昔も、今も、将来も、希望であった、希望である、希望でなくてはなりません。

アメリカ国民を代表する皆様。私たちの同盟を『希望の同盟』と呼びましょう。アメリカと日本、力を合わせ、世界をもっとはるかに良い場所にしていこうではありませんか。

希望の同盟――。一緒でなら、きっとできます。ありがとうございました」

この安倍演説はアメリカ側では文字どおり、絶賛を浴びました。民主党も共和党も、リベラルも保守も、安倍批判を続けてきた一部の大手メディアも、賛辞を述べました。

安倍晋三という日本の政治家のアメリカにおける高い評価を固めた最大の要素をひとつあげるならば、それは彼のこの議会向け演説だったといえるでしょう。議会向けというのは国民向けともいえます。

演説の内容は安倍氏自身が年来、堅固に抱き、明確に表明してきた思考、とくにアメリカに対する評価の集大成だといえます。その思考を実際の英語のスピーチにまとめる作業では安倍首相の内閣審議官や内閣官房参与という立場での谷口智彦氏の寄与も大きかったようです。

谷口氏は日経BP記者として国際報道体験を積み、外務省に起用され、対外的な副報道官などを務めました。そしてそのすぐれた才能を安倍氏に認められ、長い期間、安倍氏のスピーチライターとして活躍した人物です。

安倍氏のアメリカ向けスピーチとしてはもうひとつ、是非とも付記しておく必要がある事例があります。この議会演説の一年半後にハワイのパールハーバーで安倍氏が現職の首相として行った演説です。

議会演説の重要性や注目度には及ばなかったとはいえ、日米両国の戦争への日本側の姿勢という点では歴史的な内容でした。その姿勢をアメリカ側にわかりやすく伝えて、了解を得るという意味では「歴史的な和解の演説」だったといえます。

パールハーバーはいうまでもなく日本軍が奇襲攻撃をかけたアメリカの太平洋艦隊の中枢拠点でした。アメリカ時間では1941年12月7日の朝でした。当時の日米両国政府間では緊迫した交渉が続き、日本側が中国からの全面撤退を求められるなど強硬な圧力をかけられ、攻撃に踏みきるほかないとの判断に追い込まれたという状況がありました。

しかしそれでもなおアメリカ側は日本の攻撃を宣戦布告も最後通牒もないままの突然の「スニーク・アタック（騙し討ち）」とみなし、「汚辱」として糾弾しました。日本軍の攻撃で米側の軍人軍属がいっきょに3000人も死んでいます。

その敵対の歴史の場を、攻撃をかけた国の首相が訪れた場合、なにを語ればよいのか。安倍首相の前にも首相の訪問はありましたが、安倍氏の場合、真珠湾攻撃の75周年を記念する特別な意味がありました。2016年12月でした。しかも安倍氏はオバマ大統領とともにこの日米開戦の歴史の地を訪れてスピーチをしたのです。

「オバマ大統領、ハリス司令官、ご列席の皆様、そして、すべての、アメリカ国民の皆様。パールハーバー、真珠湾に、いま私は日本国総理大臣として立っています。祖国を守る崇高な任務のため、カリフォルニア、ミシガン、ニューヨーク、テキサス、さまざまな地から来て、乗り組んでいた兵士たちが、あの日、爆撃が戦艦アリゾナを二つに切り裂いたとき、紅蓮の炎の中で死んでいった。

75年がたったいまも、海底に横たわるアリゾナには、数知れぬ兵士たちが眠っています。耳を澄まして心を研ぎ澄ますと、風と波の音とともに、兵士たちの声が聞こえてきます」

安倍氏のこのあたりの言葉はまさに誠意をこめた弔意だといえましょう。相手側の立場に身と心をおいての人間レベルでの死を悼む心情の発露として響いてきます。

「あの日、日曜の朝の明るくくつろいだ、弾む会話の声。自分の未来を、そして夢を語り合う、若い兵士たちの声。最後の瞬間、愛する人の名を叫ぶ声。生まれてくる子の幸せを祈る声。

1人ひとりの兵士に、その身を案じる母がいて、父がいた。愛する妻や恋人がいた。成長を楽しみにしている子どもたちがいたでしょう。それらすべての思いが断たれてしまった。その厳粛な事実を思うとき、かみしめるとき、私は言葉を失います。

その御霊よ、安らかなれ――。思いを込め、私は日本国民を代表して、兵士たちが眠る海に花を投じました」

ここまで述べても安倍氏の言辞には米側にそれだけの悲劇を起こしたのは日本軍の攻撃だっ

たのだ、という具体的な言及は出てきません。ただ安倍氏は米側の犠牲者への「永劫の哀悼の誠」や「不戦の誓い」「平和国家」というような戦後の日本の基本姿勢を示す言葉は述べました。

そのうえで安倍氏はそれまでの日本側の指導者が決して触れなかったことを語りました。

「昨日、私はカネオへの海兵隊基地に、1人の日本帝国海軍士官の碑を訪れました。その人物とは、真珠湾攻撃中に被弾し、母艦に帰るのをあきらめ、引き返し戦死した、戦闘機パイロット、飯田房太中佐です。彼の墜落地点に碑を建てたのは、日本人ではありません。攻撃を受けていた側にいた、米軍の人々です。死者の勇気をたたえ、石碑を建ててくれた。碑には祖国のため命をささげた軍人への敬意を込め、『日本帝国海軍大尉』と、当時の階級を刻んであります」

安倍氏は真珠湾を攻撃した日本軍人も祖国のために命をささげた人間と評し、その勇気までを讃えたのです。アメリカ側でも日本帝国海軍大尉の勇気を賞賛する反応があったことを日本の首相として堂々と述べたのです。日本の軍事行動はすべて悪だとして謝るという従来の日本の代表たちの姿勢とはまったく異なった態度でした。

安倍氏はさらに述べました。

「『勇者は、勇者を尊敬する』

アンブローズ・ビアスの詩は言います。戦い合った敵であっても、敬意を表する。憎しみ

合った敵であっても、理解しようとする。そこにあるのは、アメリカ国民の寛容の心です」

安倍氏はこのように日米戦争も基本は勇者と勇者の戦いだったと評して、その真実はアメリカ側も寛容に受け入れたのだ、と述べたのです。

安倍氏はさらにアメリカが戦後は日本を助け、日本もアメリカとの協力の道を歩んで同盟を結んだ経緯を前向きに語り、その日米の友好の絆をもたらしたのは「和解の力」だと強調しました。そのうえでこの演説を以下のように終えました。

「私たち日本人の子供たち、そしてオバマ大統領、皆さんアメリカ人の子供たちが、またその子供たち孫たちが、そして世界中の人々が、パールハーバーを和解の象徴として記憶し続けてくれることを私は願います。

そのための努力を私たちはこれからも惜しみなく続けていく。オバマ大統領とともに、ここに固く誓います。ありがとうございました」

この安倍氏の言葉も全アメリカに伝えられ、日本との友好や同盟の絆の重要性を印象づけ、そして安倍晋三というその日本の代表への好意を高めたといえます。

第七章
日米関係の黄金時代

「シンゾーと私は波長が合う」

安倍晋三氏のアメリカとのかかわりでの最大級の出来事といえば、やはりドナルド・トランプ大統領との特別な交流でしょう。

安倍氏は現職の日本の首相として、これまた2017年1月から現職のアメリカ大統領となったトランプ氏と公私ともに緊密な関係を築く結果となりました。とくに政治家としてきわめて異端、個人としても異色の性格のトランプ氏と親しくなり、しかも対人関係では難しいところの多いトランプ氏にすっかり安倍氏への友好を強くさせたのです。

この日米両首脳の個人レベルでの親近は当然ながら日米両国の関係に反映されました。少なくともトランプ氏がホワイトハウスを去る2021年1月までの4年間、安倍氏も首相の座にあり、両国は安全保障面での同盟の絆もかつてないほど堅固に保ち続けました。

トランプ、安倍両政権はこの時期、国際的な脅威となった中国への強固な抑止の態勢という点でも一致団結へと前進しました。とくに中国が危険な影響力を広げるインド太平洋地域で日米両国は「自由で開かれたインド太平洋」という政策スローガンの下に連帯を強めました。

この動きの特徴は安倍首相が唱えた国際的な政策や戦略にトランプ大統領が従うという傾向でした。日本の主導、アメリカの同調というこの傾向は戦後の長い日米関係の歴史でも初めてだといえました。

この現象はやはり安倍氏の天賦の才能や不屈の努力の結果だったといえます。安倍氏はトランプ氏の信を得て、絆を築き、アメリカ側を日本の望む方向へ動かすという作業に成功したのです。トランプ氏が当初は日本への批判を強く述べていたのを安倍氏が説得し、なだめて、日本重視の基本へと導いたともいえるのです。安倍氏の歴史的な外交成果でした。

その結果、日米両国は少なくともこの4年間、特別な黄金時代とさえ呼べる緊密な絆を誇ったのです。

トランプ大統領は日本側の官民が悲願とする北朝鮮による日本人拉致事件の解決にも全面的な協力姿勢をとりました。

同大統領は国連総会という全世界の耳目がもっとも多く集中する討議の場での公式演説で「北朝鮮当局により拉致された13歳の優しい日本人少女」の悲劇を提起して、北朝鮮政府にその解決を迫りました。トランプ大統領は日本側の被害者家族たちにも何度も会って、支援や激励の意を直接に伝えました。

日米関係でのこの特別な安倍・トランプ時代は両国の絆の緊密さや友好の厚さという面でも歴史に特筆されるべきです。しかしトランプ氏がその後、民主党政権下の司法や立法の機関により、種々の疑惑で糾弾されたため、同氏の日米関係で果たした前向きな実績は忘れられがちとなりました。

トランプ氏への糾弾に加え、日本側では安倍氏の暗殺にかかわるトラブルのために、この日米関係の健全きわまる、よき時代への評価が薄れているようです。しかしその事実の客観的な評価は大切です。

安倍、トランプ両氏が直接に初めて言葉を交わしたのは2016年11月9日の電話会談でした。その前日のアメリカ大統領選挙では全世界の予測を裏切ってトランプ氏が当選しました。安倍氏は日本の首相としてその結果を祝うためにトランプ氏と電話で話したわけです。

実はその2ヵ月ほど前の同年9月には安倍首相は国連総会の出席などのためニューヨークを訪れていました。その際、大統領選がらみではヒラリー・クリントン民主党候補に会いました。だが共和党候補のトランプ氏には会わなかったのです。日本政府はトランプ当選をまったく予期していなかったからです。

しかし安倍首相はトランプ氏との初の電話会談の一週間ほど後の2016年11月17日、トランプ次期大統領との初の対面の会談を果たしました。トランプ氏の大統領就任前としては全世界各国の首脳のなかでも最初に会う人物が日本の安倍首相となったのです。

ニューヨークのトランプタワーでのこの会談は驚くほどスムーズで友好的でした。予定の45分が二倍の90分となりました。トランプ氏はこの会談で安倍氏をすっかり気に入ったようでした。もちろん安倍氏の側にトランプ氏を魅了するだけの資質や誠意があったからだといえましょう。

この会談の内容はきわめて多岐にわたりましたが、安倍首相はみずからの朝日新聞との戦いまで話題にして、トランプ氏がニューヨーク・タイムズと戦ってきたことでの共鳴を得たとのことでした。以下はその会談の内容を知る立場の人物たちから得た報告です――

安倍首相はこの初会談がややリラックスした時点で切り出しました。

「実はあなたと私には共通点があります」

トランプ氏がけげんな表情をみせました。安倍氏は話を続けました。

「あなたはニューヨーク・タイムズに徹底的にたたかれましたよね。私もそのニューヨーク・タイムズと提携している朝日新聞に徹底的にたたかれた。でも私は勝ちました……」

トランプ氏はこれを聞いて、右手の親指を突き立て、うれしそうに述べました。

「私も勝ったんです！」

トランプ氏はこの会話ですっかり安倍首相への態度を柔らかくしたようにみえました。そして年明けの2月の公式の首脳会談の際には、フロリダでともにゴルフをすることを提案してきました。

同時にトランプ大統領はそれ以後、非公式な場でも「ミスター・アベはすばらしい男だ」とか「シンゾーと私は波長が合う」などという言葉を軽く口に出すようになりました。

ただし私自身はそれまで国家の首脳の個人同士の関係での「親しい」とか「信頼しあう」と

いう描写にはそもそも懐疑的でした。首脳が他の首脳に接するときの態度の最大規範はそれぞれの国益だからです。「個人の友好」や「個人の信頼」はあくまでその国益の基本の大きな枠内で左右されるわけです。

首脳同士の「個人の親しさ」という評判も、実際にはその両国の利害が合ったときの、後づけという場合が多いのです。それに一般社会でも二人の人間が一度か二度、会って波長が合ったようにみえただけで、その二人が本当に信頼しあう関係になるのかどうか、きわめて疑問です。

そんな留保をつけたうえで眺めても、トランプ・安倍関係からはごく自然な感じで「親しい」という印象が伝わってきました。トランプ政権と安倍政権の親近という要素だけでなく、両首脳個人の波長の一致がどうみても目立つようになっていきました。

その背景には、トランプ氏は髭をはやした人物をあまり好まないという話もありました。この件は単なる冗談や噂ではなくて、その後にトランプ大統領と衝突する国家安全保障担当補佐官だったジョン・ボルトン氏が「私がトランプ氏に嫌われた理由の一つは私の髭だったと思う」とまじめに述べていたのです。だから安倍氏がトランプ氏に好かれた理由のなかには安倍氏が髭をはやしていなかったことがあったのかもしれません。

いずれにせよ、トランプ、安倍両氏がともに主権国家を代表する首脳同士としての緊密な連帯を明示したのは2017年2月の日米首脳会談でした。この会談では両首脳の格別の友好ぶりが誇示されたのです。

「私が隣に立つだけで」

「アメリカ合衆国は偉大な同盟国の日本を一〇〇パーセント、支持します」

トランプ大統領はふだんとは異なる低く重い口調で語りました。これまたふだんの彼の挙動とは異なり、安倍首相の斜め後ろに控えめに立ち、首相が語るのを待ってからの発言でした。

北朝鮮がまたまた断行した新たな弾道ミサイルの発射に対する日米両首脳の共同の抗議表明の会見でした。ワシントンでの公式の日米首脳会談を終えた後のフロリダ州での臨時の共同記者会見でした。

この光景はトランプ大統領の安倍首相への、そして日本に対する態度や認識について実に多くを物語っていました。

２０１７年2月11日夜、フロリダ州のパームビーチでした。トランプ氏の避寒用の広壮な私邸での臨時の記者会見でした。この巨大な庭園に囲まれた海辺の邸宅はスペイン語で「海から湖へ」という意味の「マー・ア・ラゴ」と呼ばれます。由緒ある歴史的な建造物だが、いまはトランプ氏の所有資産の一つとなっています。

安倍夫妻はこのトランプ邸に招かれたのです。ワシントンでの公式の日米首脳会談を終えてすぐでした。トランプ、安倍の両氏とも大好きなゴルフのプレーを兼ねての首脳会談の非公式な延長という感じでした。

その非公式な会談、歓談、そして会食というプロセスの真っ最中に北朝鮮の弾道ミサイル発射の報が飛びこんできたのです。日米両首脳はその緊急事態に対応するために臨時の記者会見を「マー・ア・ラゴ」の広間で開いたのでした。

北朝鮮の好戦的な行動にもっとも深刻な影響を受ける日本の代表として安倍首相は夕食後に記者団を集め、声明を発表することを決めました。

するとトランプ大統領が意外な申し出を述べたのです。

「では私も一緒に記者団に会いましょう。ただし私は短いコメントしかしません。私が隣に立つだけで北朝鮮への強いメッセージになるでしょう」

安倍首相は予定どおり記者会見の形で北朝鮮への強い抗議を表明しました。

「北朝鮮の弾道ミサイル発射は断じて容認できません。国連決議その他の国際規則に違反した無法な行動です」

トランプ大統領は安倍首相が話す間、斜め後方で黙って立ったままでした。事前の言葉どおりの控えめな姿でした。その挙措には日ごろの威圧的な態度はツユほどもうかがわれませんでした。すべてが異例であり、予想外でもあったのです。

トランプ大統領が安倍首相に示したこのような友好的な態度、謙虚にさえみえた姿勢、そして日本を頼りになる同盟相手とみなして、北朝鮮の脅威にともに当たるという団結の構え……

なぜここまでも、といぶかるほどの日本との連帯を打ち出す友好姿勢だったといえます。安倍首相はこれほどまでにトランプ大統領を好意的にさせてしまった、ともいえるのです。

そもそもトランプ大統領の安倍首相に対する厚いもてなしは、このフロリダへの招待に先立つワシントンでの日米首脳会談でもふんだんに発揮されました。

トランプ大統領は2月10日のワシントンでの日米首脳による公式の記者会見でも日本と安倍首相への友好や信頼の言葉を異例なほど力強く述べていたのです。ホワイトハウスの広間のイーストルームでの会見でした。

トランプ大統領はこの公式会見の冒頭で次のように述べたのでした。

「アメリカ国民を代表し、安倍晋三首相のホワイトハウス訪問を歓迎します。私たちが迎える海外の首脳の中でもっとも早い訪問の一つであり、その安倍氏が重要で強固な同盟国の指導者であることを私は心からうれしく思います」

「日米両国の絆と両国民の友好関係はきわめて深いのです。わが政権は、日米間の結びつきをさらに緊密にすることを約束します。私たちは日本の施政下にあるすべての領域の安全保障と同盟関係強化に責任を果たします。日米同盟は太平洋地域の平和と安定の礎石です。両国の防衛能力を強化することが重要です」

公式の外交声明で、建前の色がにじむとしても、最大の連帯の意図を表明する言葉でした。

それまでの日米首脳会談でのアメリカ歴代大統領の言明と比べても日米同盟の絆の強調はとく

に力強かったといえます。

「日本の施政下にあるすべての地域」の防衛責任をうたう言葉は明らかに中国が奪取を図る尖閣諸島の防衛のアメリカとしての誓いでした。驚くほど前向きな対日協力姿勢なのです。

この特徴はトランプ大統領がそれまで外交や安全保障の実務にかかわったことのない新人政治家であることを考えると、驚きといえます。

さらにそのトランプ氏が前年の選挙戦中には、日本への批判を述べていたことを思うと、さらに意外な感じがしました。そのへんにどうしても安倍首相からのインプットを実感させられるのです。

トランプ大統領はさらに言葉を続けました。

「私たちは多くの課題に直面し、二ヵ国間の協力が不可欠です。共通の利益は多く、航行の自由や北朝鮮による核・ミサイルの脅威に対する防衛はきわめて優先度が高いのです。

経済では両国に利益をもたらす自由で公正、互恵的な貿易関係を目指します。日本は豊かな歴史と文化を持つ誇り高い国で、アメリカ国民は、深い尊敬の念を抱いています」

「この機会に安倍首相と日本国民に対し、米軍を受け入れてくれていることに感謝の意を伝えたい。両国の協力で太平洋地域に調和と安定をもたらし、ほかの地域の人々の生活も守っていくことができます。

まもなく私たちはアメリカ南部フロリダ州に向かいます。そこで生産的な協議、交渉を行い、とても実りある週末を過ごしたいと思っています」

大統領専用機に同乗

アメリカ大統領の公式の発言としては、日本にとってどんな基準からみても十二分の言葉でした。日本とアメリカが同盟国同士として、また世界第一と第三の経済パートナーとして、さらには民主主義や人権尊重という価値観を共有する連携の相手として、すべてに意を尽くした言明だったとさえいえたでしょう。しかもこの公式の首脳会談の後にフロリダで非公式の会談を続けるとまで、あえて言明しているのです。

前述のようにトランプ氏のそれまでの日本についての言辞からすれば、この友好トーンは奇妙なほどでした。

そもそもドナルド・トランプという人物は本音で語る、いや、語り過ぎることの多い人です。率直という領域をはるかに越えて、辛辣、過激な発言をします。建前とはおよそ縁のない性格の人物だともいえます。その本音だけを語るような傾向は大統領に就任してからも、ときには放言や暴言と批判されるような言葉となって飛び出していました。

そのトランプ氏がいくら大統領という公式の立場からにせよ、日本との関係について、ここまで意を尽くして、緊密であるべきだと前向きに語ったのです。しかもこの共同記者会見の直前や最中にも、安倍首相に対する個人としての温かい言葉を発信しつづけたのでした。

「安倍さんはすばらしい男だ」

「シンゾーと私とは波長が合う」

トランプ大統領の日本の首相に対するこうした態度はそれまでの予測からすると、大きな驚きでした。アメリカ側でも、そしてなによりも肝心の日本側の政府でも民間でも、トランプ氏は日本側には厳しく、激しく、あたってくるという予想ばかりだったからです。

いったいなにがトランプ氏の対応を変えたのか。

選挙戦中はトランプ氏には明らかに日本叩きとも呼べる非難や批判が目立ちました。だが大統領への当選が決まった後、そして大統領に就任した後、日本への態度が友好的とも呼べるほど柔らかく溶けたようにもみえたのです。しかもそのギャップがすごく大きいのです。

このあたりの謎を解くカギはどうも安倍氏のトランプ氏への対応にあるようなのです。

さて２０１７年2月の首脳会談での二人の交流ぶりに話を戻します。

前述のように首脳会談の直後、トランプ大統領は安倍首相夫妻をフロリダの別荘に招きました。しかも大統領専用のヘリコプター「マリーンワン」と大統領専用機「エアフォースワン」に夫妻を乗せて一緒に、でした。

ちなみにアメリカ映画にも頻繁に登場するエアフォースワンは、ふだんはホワイトハウスから南東に33キロのメリーランド州のアンドリュース空軍基地に待機しています。大統領が利用するときは、ホワイトハウスからヘリのマリーンワンでこの空軍基地まで短距離を飛んでいくのです。だから安倍夫妻はまずマリーンワンに乗り、エアフォースワンに乗り換えたわけです。フロリダまでの3時間ほどの飛行でもトランプ大統領はきわめて愛想のよいホスト役に徹したそうです。私はこのへんの状況を安倍首相に同行していた日本側の関係者から聞きました。

「エアフォースワンのコックピット（操縦室）をおみせしましょう」

トランプ大統領はそんなことまで述べて、安倍夫妻を機内の先端の二階部分にある操縦室に案内しました。エアフォースワンはボーイング社製の巨大な旅客機747を大幅に改良した特別機です。

その広大な機内の前方の一階部分に大統領夫妻の休息の間や大統領の執務室があります。機内の後方にはスタッフ用の部屋や客室、そして最後尾に同行記者団用の座席があるのです。

トランプ大統領は安倍夫妻をその前方部分に招き入れ、しばらく後方には出てきませんでした。安倍夫妻は通訳だけを伴い、大統領とかなり長い親密な時間を過ごしたのでした。後方部分に残された安倍首相の同行者たちは、首相があまりに長い間、戻ってこないのに心配したほどでした。

フロリダではトランプ大統領はメラニア夫人も含めて安倍夫妻と夕食をともにしました。そして翌2月11日はゴルフに興じました。トランプ氏自身がカートの隣に安倍首相を乗せて、自分の運転でコースを回るという様子でした。

ゴルフと懇談とにすっかり没頭という感じの二人はトランプ氏の提唱でもう一つの近くの名

門ゴルフ場に舞台を移し、ゲームを楽しみました。その日の夕食もまた両首脳はともにするという異例の長時間の会談となったのです。

このほぼ一対一の会談、歓談では、安倍氏が国際交渉の先輩として中国、ロシア、韓国などの対外姿勢や首脳の特徴を語り、トランプ氏が黙って耳を傾けました。トランプ氏はこんご安倍氏との連携を強く保っていきたいと述べ、同年5月のイタリアでのG7首脳会議での安倍氏との会談や、さらにその先の日本公式訪問へも意欲を示しました。

安倍首相の同行筋は以上のような両首脳の緊密な交流ぶりを明かしていました。

日米首脳会談、朝日の大誤報

首都ワシントンでは大統領の内政や外交にからむ動きのなかで、もっとも貴重なのは「時間」なのだとよく語られます。時間こそが最重要な要素なのだという。つまり大統領が特定の案件や会合にどれだけの時間を費やしたかがアメリカ政府全体の精力の配分の指針になるというわけです。

その点ではトランプ大統領はこの初の日米首脳会談で安倍首相のために延べ3日もの時間を費やしたことになります。2月の10日のワシントンでの公式な首脳会談に始まり、11日はまる一日、フロリダで行動をともにしました。そして12日の午前に安倍首相がフロリダから帰国の途につくまでトランプ大統領は一緒だったのです。

アメリカ側のワシントンの情報通たちも、みなこの記録破り、慣例破りのトランプ大統領の安倍首相への「時間」の提供に驚き、感嘆していました。安倍首相のために使った延べ３日という「時間」の異様なほどの長さは外交の消息通たちをもびっくりさせたのでした。

さてこの異例で意外な日米首脳会談の総括といえば、やはりその際に公式に発表された共同声明でした。その声明の内容を一読すれば、トランプ、安倍両首脳がなにを語り、なにを同意したかがよくわかります。

この共同声明は「安倍、トランプ日米両首脳がワシントンで最初の首脳会談を行い、日米同盟及び経済関係を一層強化するための強い決意を確認した」ことの総括とされていました。

その声明はまず日米同盟についてアメリカのこれまでの日本防衛への誓約やアジア地域での法の支配に基づく国際秩序の維持、さらにはとくに日本領土の尖閣諸島の米軍の防衛責務を力強い表現でうたっていました。

さらに声明はより具体的に東シナ海や南シナ海での平和と安定の保持をうたい、明らかに中国の軍事行動を抑える意図での「武力による国際秩序の変更への反対」を強調しました。そのうえで北朝鮮の核兵器やミサイルの開発の抑止と、北朝鮮当局による日本人拉致事件の解決へのアメリカの協力を改めて明記していました。

この共同声明はまた日米経済関係についても両国がそれぞれの自国経済に対して自由と公正を基礎に成長と繁栄を図ることを誓約していました。「相互補完的な財政、金融及び構造政策という3本の矢のアプローチ」というアベノミクスの標語をあえて強調し、日米両国がその方向へ進む、とも述べていました。

世界経済についても同声明は日米両国が「力強い世界経済の維持、金融の安定性の確保及び雇用機会の増大という利益を共有する」と強調しました。声明はさらにアジア太平洋地域での貿易や経済成長への両国の努力を再確認し、アメリカの環太平洋経済連携協定（ＴＰＰ）からの離脱にも留意を述べていました。

この日米共同声明は最後に安倍首相がトランプ大統領に日本への公式訪問の招待を表明し、同大統領が２０１７年中に実際に訪日することを約束した、と述べていました。同時にマイク・ペンス副大統領も早期に日本を訪れる、とのことでした。

以上のように、要するにトランプ大統領は日本との従来の関係を強化するという友好の姿勢をきわめて前向きな表現の言葉で公約したのです。

安倍・トランプ会談のこうした結果は日本側にとってショッキングなほど意外だとされました。なぜショッキングだったのか。

日本ではこの会談の直前まで政府側も民間のいわゆる識者も、ニュースメディアも、みなトランプ大統領が日本に対し強硬な要求を突きつけてくるという予測を明らかにしていたからです。この予測の完全な外れは近年の日米関係の歴史でも特筆されるべきほどの激しいミスだったといえます。衝撃的な間違いだった、というわけです。

主要な新聞やテレビは会談の直前までトランプ大統領が安倍首相に自動車問題や為替問題で厳しい要求を突きつけてくるからその対策を準備せよ、と大キャンペーンをはっていました。だがこの予測がみごとに空ぶりとなりました。大誤報と呼ぶしかないでしょう。

トランプ大統領はそんな対日要求はまったくしなかったからです。逆に安倍首相に対して異例なほどの友好を示し、日米同盟の堅持を力強く誓ったのです。経済面でも前述のように厳しい要求と呼べるような発言はまったくありませんでした。

日本のメディアの大誤報の実例をあげておきましょう。

朝日新聞２０１７年2月11日の朝刊第一面には「車貿易や為替、焦点」という大見出しの記事が載りました。

本文の冒頭は以下のようでした。

「(日米首脳会談で) トランプ氏は自動車貿易を重要議題とする構えで、二国間の貿易協定や為替政策に言及する可能性もある。通商・金融分野をめぐり、どのようなやりとりが交わされるかが焦点となりそうだ」

朝日新聞のその前日の2月10日夕刊は、もっと明確なミスの予測を報じていました。「自動車、重要議題に」という見出しでした。そのうえに本文では以下の予測を書いていました。

「トランプ米大統領が10日の安倍晋三首相との日米首脳会談で、自動車貿易をめぐる協議を重要議題に位置づけていることがわかった」

しかし現実の日米首脳会談では自動車問題も為替問題も出なかったのです。誤報でした。当の朝日新聞も珍しく自社のその誤報を認めていました。日米首脳会談後の2月12日朝刊の記事で以下を報じていたのです。

「トランプ氏が問題視していた日本の自動車貿易や為替政策も取り上げられなかった」

日本側の主要メディアはこの種の誤報の後に「いやいやトランプ大統領はまだ本音を出しておらず、これからの動きに気をつけろ」と、根拠の不明な警告を新たに発するところもありました。あるいは「日米首脳の仲がよくなることが日本の国益にかなうわけではない」と聞き苦しいほどの屁理屈を述べる。「世界の嫌われもののトランプ大統領と親しいという印象は安倍首相を国際的に不利にする」という論評もありました。

こうした屈折した反応の背景には日本側の専門家とか識者と呼ばれる人たちの「とにかくトランプを非難すればよい」という感じの風潮が存在していました。日本でアメリカ通とされる人たちも、いや、アメリカには日ごろ關係があるとは思えない人たちまでも、とにかくトランプ氏をけなせばけなすほど、自分の良識の度合いが証明される、とでも思っているかのような暴走さえ感じさせられました。

しかも日本でのそんなトランプ叩きの材料となる「情報」は民主党側にぴったりと付いてトランプ大統領を攻撃するアメリカの大手リベラル・メディアが発する報道がほとんどのようにみえました。

アメリカの大手メディアはトランプ政権には全面戦争といえるほどの敵対性をむきだしにしていたのです。だからその「報道」ももう政治プロパガンダに近いといえました。もっとも明白な実例はトランプ大統領に対する「ロシア疑惑」でした。

これまで広く報道されたように、民主党活動家が打ち上げ、ニューヨーク・タイムズやワシントン・ポストが「世紀の大スキャンダル」として報じ続けた「トランプ陣営とロシア政府の共謀による大統領選での投票の不正操作」という主張にはなんの根拠もなかったことが後に判明しているのです。ただし日本の主要メディアは２０２３年秋の現在にいたるまで、その虚構の判明をきちんと報じてはいません。

トランプ氏の日本批判

トランプ氏が大統領に就任する以前には日本を批判する言辞を発していたことは事実です。しかもその言葉は解釈によってはきわめて過激、衝撃的な内容でもあったのです。

トランプ氏が大統領選への名乗りを初めてあげた２０１５年から、２０１６年に入って共和党の多数の候補と党指名の獲得を争い、さらには民主党候補のヒラリー・クリントン氏との一騎打ちの本番選挙戦まで、日本についてときおり、びっくりするような発言をしてきました。

それほど頻繁ではないけれども、過激な内容の日本批判が出てきました。

ごく簡単にまとめると、以下のような骨子の発言でした。

「（日本が懸命に推進した）TPP（環太平洋パートナーシップ）から離脱する」
「日本のアメリカとの貿易は公正でない」
「日米同盟は一方的で不公正だ」
「在日米軍は撤退してもよい」
「日本は核武装しても構わない」

トランプ氏のこんな破天荒な言明に日本の政府や与党の幹部たちもあわてふためき、反論や否定をしました。

多国間の貿易協定のTPPからのアメリカの離脱はトランプ氏の主要政策の一つとして繰り返し述べられていました。アメリカのTPP離脱となれば、オバマ政権からの圧力でTPP受け入れを国内でやっとまとめた日本の安倍政権にとってはまさに苦労が水の泡となる無惨な事態を意味していました。

トランプ氏は貿易面での日本批判には通貨レートの問題をからませていました。日本の円の対ドル・レートが不当に低く、その背後には日本政府の為替操作があるという主張でした。ただしこの日本側の為替操作という非難は事実に反していました。

だがもっと深刻なのはトランプ氏の安全保障についての日本非難、あるいは対日要求でした。トランプ候補が大統領選で初めて日本非難を打ち上げたのは2015年8月でした。彼が大統領選への名乗りをあげた同年6月から2ヵ月後でした。安全保障面での日本批判だったのです。

アラバマ州モービル市の巨大なフットボール・スタジアムでの3万人をも集めた決起集会でした。赤い野球帽をかぶって檀上に登場したトランプ氏は熱をこめた演説のなかで日本の防衛について次のように述べたのでした。

「(いまの日米同盟の下では)アメリカはもし日本が攻撃された場合、日本を防衛することを義務づけられています。しかし日米安保条約の規定では日本はアメリカを防衛支援する必要はない。こんな取り決めをよいと思いますか」

会場の大観衆からはもちろん「ノー」という声がどっとわき起こりました。

トランプ氏の言葉は日本がこれまでは集団的自衛権の行使を自ら禁止し、アメリカ本土が攻撃を受けた場合はむろんのこと、アメリカ国民や米軍がたとえ日本のすぐ近くで攻撃された場合でもなんの支援もしない、しなくてよい、という日米同盟の実態をアメリカにとって不公正だと非難したわけです。

トランプ氏はそれからちょうど一年後の2016年8月にもアイオワ州のデモイン市での演説でも同じようなことを述べました。

「日本との安保条約ではもし日本が攻撃された場合、アメリカは米軍の全力をあげて日本を守らねばなりません。しかしアメリカが攻撃されても、日本はなにをする義務もない。(日本国民は)家にいてソニーのテレビでもみていればよいのです」

一年前の発言と同趣旨です。この言葉もまたきわめて単純な表現にせよ、日米同盟の片務性を指摘していました。そしてその現状が不公平だと重ねて非難したわけです。

これまで繰り返し述べてきたように、日本は日本国の領土や領海の外ではたとえ同盟相手のアメリカの軍隊や民間人が軍事攻撃を受けても、軍事力を使って共同防衛や支援をすることはできません。自国領土の防衛以外の戦闘は集団的防衛として憲法の解釈で禁じられているからです。

2016年3月に施行された平和安全法制で集団的自衛権のごく限定的な行使が容認されたとはいえ、まだまだ制限が多く、日米同盟は普通の双務的な同盟とはなっていません。だからトランプ氏はある意味、当たり前のことを語っただけなのです。

しかし日本側ではトランプ氏の言葉を唐突で理不尽な糾弾として反発する向きも多かったのです。なぜいまさら日米同盟の片務性の批判なのか、驚き、いぶかる識者たちも多かったのです。

トランプ氏はいったい、なぜ、その時点であえて日本非難を述べたのか。その理由の説明としては彼の同じ時期の以下の言葉が大切です。

「アメリカは日本や韓国という経済上の競争相手を防衛することを誓っています。しかしその見返りをなにも得ていない。アメリカは日韓両国に対しては貿易赤字を増大させる一方なのです」

この言葉はトランプ氏が最初に日本非難を述べた後に、何回か繰り返した点でした。この言葉から浮かぶのはアメリカにとって損か得か、という計算です。日本のような経済の豊かな国の防衛のためにアメリカがなぜ自国の経済資産を莫大に投入してまで努力しなければならないのか、という疑問だといえるでしょう。

ただしトランプ氏が日本との同盟を軽視していたわけではありません。むしろ反対に重視していたからこそ、その同盟への日本側の責務や貢献をもっと増してくれと、訴えたのだといえます。

「在日米軍撤退」の前提

トランプ氏は選挙キャンペーン中からアメリカの軍事力増強を強く訴えていました。そのためにはアメリカの軍事同盟の相手である北大西洋条約機構（NATO）の西欧側諸国や日本に対しても軍事力増強を期待したわけです。日本に対しては在日米軍駐留経費の負担の増加をも求めました。

トランプの「在日米軍は撤退してもよい」とか「日本は核武装しても構わない」という意味の発言もそこだけみれば、日本側にとっては衝撃的でした。

だがそのトランプ発言をよく吟味すると、「米軍撤退」も「日本の核武装」も大きな前提条件をつけたうえで述べていたことがすぐ明確になりました。「日本が日米同盟の公正な負担を果たさないというならば」という条件をつけたうえでの「米軍撤退」という仮定を脅しとして提起していたのです。

同様に、「日本の核武装」についても「日本がアメリカとの防衛協力をしたくないならば」というような前提で、「ではそれなら日本が独自に自国の防衛に責任を持ち、場合によっては核武装でもすればよい」というレトリックでした。

しかも在日米軍撤退と日本の核武装という二つのシナリオもトランプ氏自身、その後のインタビューや政策表明のなかで事実上、撤回していました。つまり前言を否定したのです。そしてその後、大統領に就任してからも、この二つの過激なシナリオに触れることはありませんでした。日本側はパニックのような反応は不要だったのです。

トランプ氏は選挙戦中の日本との関係について当初の激しい放言、暴言のような言葉を抑制し、やがては撤回までしていきました。そのプロセスではトランプ氏を政治的に支持する共和党系保守層からの助言や批判が役割を果たしていたともいえます。トランプ氏の対日政策をより現実的に、より堅実にした助言や批判です。

その一例を報告します。

大統領選挙の予備選が本格化した２０１６年3月に共和党保守本流とされる安全保障の専門家のルイス・リビー氏が発表した論文でした。論文は「日本を放棄するな」と題されていました。ワシントンの外交、戦略政策雑誌「ナショナル・レビュー」への発表でした。

リビー氏については第六章で詳しく紹介しました。安倍氏とはとくに強い信頼関係を築くにいたる人物です。二代目ブッシュ政権の副大統領首席補佐官や国防次官補を歴任し、この論文発表の時点ではハドソン研究所の副所長を務めていました。

論文の骨子は以下のようでした。

「トランプ氏は日本がアメリカにとって経済的、軍事的な流出だと主張する。中国を非難した後にすぐ日本をたたく。そんな過激な言辞は時代遅れ、かつ見当違いだ」

「アメリカの将来にとって決定的に重要なアジアでの最強の同盟国は日本なのだ。とくに安倍首相は国内政治的にリスクのある政策までとってアジアでの日米両国の地歩を強めてきた」

この論文は以上のようにトランプ氏の選挙キャンペーン中前半の日本に対するやや煽情的な言辞を正面から抑制していたといえます。その抑制がトランプ氏と同じ政治母体の共和党保守派の政策通からの提言だったのです。だからトランプ陣営も前向きに受け止めた提言だったといえるでしょう。

同論文はさらに以下のように述べていました。

「安倍政権はアジアでのアメリカの立場までも危うくするような紛争の抑止目的をも含めて防衛予算を増し、憲法の解釈を変えてまで有事にアメリカの艦艇や部隊を守れるような措置をとった」

「中国の膨張主義の脅威への対処の基盤もアメリカにとっては日本なのだ。北朝鮮の軍事行動

への対処も日本の役割が欠かせない」
「日本が安倍政権下でアメリカのもっとも堅固な軍事的、戦略的な同盟相手となることを期待する」

だから日本を離反させるような言辞はアメリカ側の指導者は決して述べてはならない、と提言しているわけなのです。

リビー論文をここまで読むと、ふと気づかされます。総括は日本への年来よりずっと大きく強い安保上の貢献の期待なのです。日米同盟はより双務的に、という希望でもあります。となるとトランプ氏の主張と重なってくるといえます。日本はもっと防衛努力を、という要望を否定的な言辞でぶつけるか肯定的に表現するかの違いだけにもみえてきます。

安倍・トランプ関係の分析

さてトランプ氏が実際に大統領に就任してからの安倍晋三首相との歩調や波長の一致はすでに述べたとおりです。トランプ政権が発足して半年ほどのワシントンでは「トランプ大統領と安倍首相はいまの世界主要各国の首脳間でももっとも親しく思考が合う」という評価が広まりました。トランプ、安倍両氏はよき「相棒」だとも評されるようになったのです。

日米首脳のそんな緊密さが果たして健全な現象なのか、という疑問までが提起されました。
「安倍首相はトランプ大統領に忠誠な相棒（sidekick）だ」――

こんな見出しの記事が２０１７年8月中旬、アメリカの大手紙ウォールストリート・ジャーナルに大きく載りました。Sidekick というのはまさに相棒と訳される「親しい仲間」という意味の英語です。ただし2人の間は親しくてもまったく対等というわけではなく、先輩後輩、指導者と同調者という要素が意味されます。

当初の安倍氏が先導するという印象からは異なる認識となったともいえます。

この「相棒同士」という表現がはっきりと公開の場に出てきたのはトランプ大統領の就任からちょうど7ヵ月の時期でした。それまでの期間内の事実関係の展開に基づく描写だったといえるでしょう。

ただしこの記事での相棒関係はとくに北朝鮮情勢に関してそうなのだ、という注釈が、見出しでも、本文でも記されていました。

本文の冒頭には次のような記述がありました。

「トランプ大統領にとって北朝鮮問題での多様な見解表明の混乱のなかで、いつも信頼できる支持者が一人いる。それは日本の安倍晋三首相であり、いつも同大統領の見解に同意してくれるのだ」

この記事はそのうえでトランプ大統領が8月10日に北朝鮮に対し「炎と怒り」に直面するぞと警告したことにも安倍首相は同意を示し、ドイツのメルケル首相や韓国の文在寅大統領らが批判的な反応をみせたのとは対照的だったことを指摘していました。

同記事はさらに「安倍首相は慎重に抑制した言葉で主要論点を繰り返し説いていくというタイプの指導者なのに対して、トランプ大統領は攻撃的な声明を予想外に発することで知られる」として、トランプ、安倍両氏が個人の特質のレベルでも相互補完のような間柄にあることを説明していました。

同時に、この記事はとくに安倍首相がトランプ大統領に同調することについて北朝鮮核武装という軍事危機に対して軍事的な対抗手段を持たない日本が同盟相手の軍事大国アメリカの首脳をいま緊密に支持するのは、ごく自然だとも述べていました。自国の安全保障上の当然の動きだろうとも、解説していました。

この解説はきわめて適切だといえます。北朝鮮の挑戦的な行動はみな軍事の領域です。その軍事では日本がほぼ無力であるのに対して、アメリカはなお世界最大の軍事超大国です。日本はアメリカに頼るほかないでしょう。

トランプ、安倍両首脳の例外的なほど親しい関係についてはアメリカの他の大手メディアにも長文の記事が掲載されました。前述の記事の出たほんの1ヵ月ほど後の2017年9月でした。そのメディアはニューヨーク・タイムズでした。

「トランプ大統領は日本の安倍首相こそを友人だとみなしている」――こんな趣旨の長文記事でした。

この記事はまず両首脳の頻繁な対話について指摘していました。トランプ、安倍両氏は北朝鮮が核爆発実験を断行した2017年9月上旬までに顔を合わせての会談が合計3回、電話での会談が計13回となった、というのです。

安倍氏にとってはこの13回という数はオバマ前大統領の二期目の4年間全体での日米首脳の電話会談数よりも多くなりました。8ヵ月間の電話会談の数が4年間のそれを上まわったわけです。

9月3日の北朝鮮の6回目の核実験の前後には両首脳は1週間に3回の電話会談をしました。同じ北朝鮮情勢の核実験についてトランプ大統領は韓国の文在寅大統領とはその週は実験の翌日に1回、電話会談をしただけでした。

トランプ氏はその一方、安倍首相とは同9月3日のうちに2回も電話で会談していたのです。トランプ大統領の態度は安倍首相と文大統領に対してでは、まったく異なったわけです。

このあたりをニューヨーク・タイムズの同記事は詳しく伝えていました。しかし同記事は両首脳の仲がよいことの説明として以下の点をも報じていました。

「これは『相棒関係』の結果なのか、トランプ大統領の言動が世界の他の諸国の首脳から批判されても、安倍首相はまず批判は述べない。たとえばトランプ政権が地球温暖化対策としてのパリ協定からの離脱を決めた際には、主要国のほぼすべての首脳や政権が批判を表明した。

だが安倍首相は沈黙を保った。

アメリカ南部のシャーロッツビルでの人種がらみの紛争に対しトランプ大統領が白人至上主

義に甘いような対応をみせてこれまた世界各国の首脳レベルでの反発があったが、安倍首相はそれには加わらなかった」

このあたりはいかにもニューヨーク・タイムズらしい批判のにじむ論評です。安倍氏がトランプ氏の政策や言動にはなにも反対を述べないから、2人は親密になったのだ、という推測です。

やや短絡な思考だといえます。

しかしそのニューヨーク・タイムズも同じこの記事で、そもそも安倍、トランプ両氏はなぜこれほど親密になったのか、もう少し分析的な説明をも試みていました。「両者ともに保守主義者でナショナリストだから」という指摘でした。「性格的にも相性がよいから」という理由も記していました。

前向きの対米関係

しかしそれ以上に深い理由や動機もアメリカ側の日米関係専門家らによって解説されています。その専門家たちのコメントをこのニューヨーク・タイムズの記事の枠を越えて、私なりに集めてみました。

以下がその結果の一部です。

「トランプ大統領はまちがいなく安倍首相に対して、親しい友人という感じで対応している。

安倍首相はアメリカ新大統領とのこうした関係を一生懸命に努力して築いたといえる」（シーラ・スミス外交問題評議会日本研究者）

「安倍首相はトランプ大統領に対して超大国の最高指導者としての重要性を認め、同大統領の発言にも同意を表明して、信頼を得た。この種の国際的な首脳レベルでの同意はトランプ大統領にとっても不可欠なのだ」（ダニエル・スナイダー・スタンフォード大学東アジア研究所講師）

「安倍首相は予測困難で奇矯な言動の多いトランプ大統領をうまく誘導することができた数少ないアジアの首脳だといえる。そうした誘導は安倍首相自身と、そして日本への実質的に有利な材料となる」（エバン・メデイロス前オバマ政権国家安全保障会議アジア上級部長）

「トランプ大統領は世界的に不人気かもしれないが、日本の首相としてはアメリカの新大統領にうまく対処する方法があれば、当然、それを目指すだろう。そのことは日本の安全保障などの国益に資することになる」（マイケル・グリーン元ブッシュ政権国家安全保障会議アジア部長）

その他にもアメリカ側では安倍・トランプ両首脳の「相棒関係」について、「安倍首相がとにかくトランプ大統領に追従しているようにみられる」とか「安倍首相はトランプ大統領の政策に激しく反対する国の首脳との友好が難しくなる」という識者たちの批判的な論評もありました。

しかし全体としてトランプ、安倍両首脳が緊密な連携を保ち、日米同盟の強化を進め、経済問題での障害を抑えるという日米関係全体の安定はアメリカ側の識者たちも一様に認めるにいたりました。

この章の冒頭でも安倍・トランプ時代の日米関係の堅固さについて書きましたが、安倍晋三氏とアメリカという主題の総括という意味をもこめて、その時代の両国関係がどうであったかを再度、まとめて記してみます。

とくに中国の脅威に対してはトランプ政権はそれまでの40年近くの米側歴代政権の関与政策の失敗を宣言して、厳しい抑止の態勢をとりました。日本にとっても中国のこの脅威は尖閣諸島への軍事攻勢などから明白です。安倍政権はトランプ政権のこの画期的な新対中政策を支持しました。中国の野心的な膨張を抑える日米両国の連携が築かれたのです。

トランプ政権はまた中国や北朝鮮の核兵器の脅威に対して日米同盟に基づく拡大核抑止の誓約を保つことを強調しました。一般には日米間の拡大抑止と呼ばれるこの政策はアメリカが日本への核の攻撃や威嚇に対して同様に核兵器の使用やその威嚇によって報復、あるいは抑止するという誓約です。つまり日本を核の脅威からアメリカの核抑止力によって防衛するという日米同盟の基本の一つです。トランプ政権はこの誓約を歴代政権よりは強固で明確な形で強調したのです。

トランプ大統領は北朝鮮の金正恩委員長に対してもアメリカの軍事的な威力を明白にして、核兵器開発の断念を激しく迫りました。金委員長がアメリカ側との会談を請い願うというところまで守勢の態度をみせました。日本にとってもアメリカの軍事がらみの強固な北朝鮮抑止は歓迎できる政策でした。

トランプ大統領は同時に北朝鮮政府による日本人拉致事件の解決に協力してくれました。前述のように国連総会での横田めぐみさんの悲劇の指摘がその一端でした。トランプ大統領はワシントンでも東京でも日本側の拉致被害者家族たちと頻繁に会い、時間をかけて、その苦痛に耳を傾けました。

トランプ政権でもホワイトハウスでアジアの安全保障を担当したマット・ポッティンジャー氏らが拉致被害者家族たちと連絡を保ち、トランプ大統領が金正恩委員長と会談するたびに日本人拉致事件の解決を直接に迫るという圧力行使を続けました。

トランプ政権は対中政策や対アジア政策の基礎として「自由で開かれたインド太平洋」という構想を強力に推進しました。中国の脅威に対し日本だけでなく、インドやオーストラリアを招きいれ、抑止態勢を国際的に広げるという基本構想です。この構想は前述のように安倍晋三氏が最初に提唱したビジョンでした。

以上、みてくるとトランプ、安倍両首脳下の日米関係は歴史にも特筆されるほど堅固で良好だったといえます。中国や北朝鮮の動きもその後のバイデン政権時代とくらべると、きわめて抑制されていたといえます。その抑制は当然ながら日本の国家安全保障には大きなプラスとなったわけです。

私自身の日米関係考察の長い歴史でも、２０１７年1月から4年間のこの安倍、トランプ時代は両国間の緊密、安定、相乗という特徴によりまさに黄金時代だったと思います。日本にとってそんな前向きの対米関係を実現した安倍晋三氏の手腕には改めて敬意を表する次第です。

第八章

安倍晋三の「遺言」　核抑止・憲法改正・財政法

レーガン大統領銃撃との違い

安倍晋三氏は突然、いなくなってしまいました。

私はこれまで世界のなかでの日本という国を考えるときに、決して誇張ではなく、安倍晋三氏が国政の場にいる限り、日本の奈落はないだろうと、なんとなく意識してきました。

安倍氏の知見、判断、影響力、実行力などが健在ならば、日本という国が一定水準以下のブラックホールに落ち込むことはないだろうと、感じてきたといえます。

しかし日本にとっての安全弁のようなその安倍氏が無惨に殺されてしまった。その現実を現実として受けいれることは難しいという人も多いでしょう。だが私にとってはあまりに明白で残酷な事実をみると、まず感じるのは激しい怒りです。すでに強調してきた点です。

これほど稀有の政治リーダーの命がこれほどむざむざと、しかもあれほど容易に奪われるという日本社会とはなんなのだろう。国家や国民に貴重な価値を有する公的人物の生命を無法の暴力からまったく守れないという社会とはなんなのか。なにが治安なのか。なにが警護なのか、警備なのか。

この事件がまず強烈に明示したのは、いまの日本国内ではこれほど有力な政治家の暗殺も防げないという国内治安の欠陥でした。

安倍氏のような超重要人物の安全を守るために必須の警護措置がとられていなかったのです。その警護の不在や弛緩はむしろいまの日本の民主主義のゆがみの弱点からのようにもみえます。

個人の権利、多様性、言論や表現の自由などという民主主義の概念の重視、あるいは重視の過剰が厳格な警備を妨げていたのでは、という疑問です。

個人のプライバシーを尊重するために疑わしい言動をとる人物をもあえて警戒しない。要人への接近も個人の行動の自由という点を尊重して、あまり制限しない。当局側のそんな配慮が治安維持のための警備を弱くしていたのではないか、という疑問がわくわけです。

この安倍氏への警護に関連して私が想起したのはワシントンでのロナルド・レーガン大統領への狙撃事件でした。１９８１年3月30日の出来事でした。この事件では警備陣の事前の警戒や直後の対応によりレーガン大統領は銃弾を受けながらも、命をとりとめたのです。

このときは私自身もワシントン市内の事件現場に近いところにいました。事件自体を目撃したわけではありませんが、レーガン大統領が収容されたジョージワシントン大学病院の前を彼の収容直後に通り、黒塗りの大型の大統領専用車が病院の入り口脇に乱暴に乗り捨てられている異様な光景を目撃しました。

その時点ではレーガン大統領は緊急の手術を受けていたのです。

このレーガン狙撃事件を安倍狙撃事件と比較するという意味で少しくわしく報告しましょう。レーガン狙撃の詳細はすでに明らかになっています。

3月30日、ワシントン中心部にあるヒルトン・ホテルでの演説を終えたレーガン大統領が車寄せに停めた大統領専用車に乗り込もうとしたところ、近くにいた青年がピストルを撃って、暗殺を図りました。ジョン・ヒンクリーという25歳の男でした。彼はピストルの銃弾6発を発射し、うちの1発がレーガン氏の胸に当たりました。

レーガン大統領は致死に近い危険な重傷だったのに警備陣や医療陣の適切かつ敏速な措置で一命をとりとめたのです。

その後、明らかになった狙撃と警備の状況はまさに安倍氏狙撃の場合とは対照的でした。大統領のすぐ後ろにいたジェリー・パー警護部長は第一発目の銃声を聞いた瞬間、レーガン大統領に覆いかぶさり、彼の頭を引き下げ、ズボンをつかみ、前方に押して、専用車内に押し込んだのです。

そのすぐ背後にいたシャディック警護官が大統領とパー部長の2人の体をさらにかばうように前方にプッシュしました。

同時にもう1人のマッカーシー警護官が専用車を背にして立ち、大手を広げて、大統領をかばう姿勢をとりました。専用車は最初の銃弾が発射された3秒後には現場を離れました。

だが大統領をかばおうと身を呈した警護官や報道官合計3人が重傷を負いました。

そのシークレットサービスの警護部長だったパーという人が『シークレットサービス』（邦題、中央公論新社刊、2020年）という本を書いています。非常に面白い本です。

そのなかにレーガン大統領がどうやって助けられたかという経緯が詳述されています。犯人は一発撃ってその次まで3秒ぐらい間隔をおいた。この点は安倍氏の事例ととても似ているのです。

前述のように最初の一発が発射されたその瞬間に大統領の一番近くにいたパー警護部長がレーガン大統領の背後から一身を盾にして防御に当たったのです。

しかし弾丸は薄い硬貨のような形になってレーガン氏の胸を撃ち、肺にあたって、心臓の直前で止まっていました。だがレーガン氏に大きな外傷や出血はみられず、意識も正常のようにみえたため、パー部長らは一度は大統領に負傷なしと判断して、ホワイトハウスへすぐ戻ることを決めたそうです。

ところがその直後にレーガン氏が苦痛を訴えた結果、急遽、病院に直行することになりました。これはパー部長の決断でした。その後、ホワイトハウスからも近いジョージワシントン大学病院で外科医陣総がかりの診断と手術が実施され、大統領は文字どおり、九死に一生を得たのでした。

警備警護の明白なミス

この一連の展開を安倍氏暗殺事件とくらべてみると、日本側の警備には致命的ともいえる不備があったことが明白となります。現職大統領とすでに退職した元首相と、警護の対象に重みの違いがあることは否定できないでしょう。

だがそれでも最近の日本では安倍晋三という政治リーダーは現職の首相よりも重みを発揮す

る注視対象の人物だったといえます。敵も当然、多かった。警護にはもっとも精力を投入すべき対象だったのです。

レーガン大統領は警護官たちによって背後を守られていました。銃弾の発射の直後、その背後の守りは二重三重に強化されたのです。その背後の守りがなければ、大統領は間違いなくもっと被弾していたでしょう。犯人はさらに5発も銃弾を発射していたのです。

パー部長も自書のなかで明らかにしているように、大統領警護はダイヤモンド型とよくいわれる菱形の基本が確立されていました。つまり大統領の真ん前に警護官がまず一人、立って進む。そして横の右と左に一人ずつ計二人が並ぶ。さらに真後ろに一人、と。この4人の警護官を線で結ぶとダイヤモンドの形になるというわけです。

それから大統領自身は防弾チョッキを着けていることが多い。レーガン大統領の場合には、このワシントン・ヒルトン・ホテルがまずホワイトハウスのすぐ近くであり、ホテルから出た際はほんの10メートルほど歩いて専用車に乗り、ホワイトハウスに戻るはずだったために、防弾チョッキはつけていなかったということでした。

こうしたアメリカの事例も踏まえて安倍氏殺害について私が疑問に思う諸点をあげてみます。

第一点は、安倍氏の背後の警護がなぜゼロだったのか、です。

録画をみても、安倍氏の後方では容疑者が自由に動き、その不吉、不穏な動きに対して警護側は誰も、なにも対応をみせていないことが明白でした。安倍氏の背後には警備の人間はいなかったのです。

第二点は一発目の銃撃から次の銃撃までの3秒ぐらいの間に、なぜ警護側は安倍氏の身体を守ろうとしなかったのか、です。

とっさに安倍氏の体を地面に伏せさせる、あるいは警護官自身の体でおおって、防御することができたはずです。しかしなにかをした形跡はまったくありません。

第三点はこの容疑者が同じ住まいで過去10年もの間に多様な銃や爆発物を製造してきたのに、なぜ捜査当局はその動きを察知して事前の警戒態勢をとらなかったのか、です。

さほど広くない地元社会でこの種の危険な人間の動きがなぜ警戒されていなかったのか。きわめて不自然なものを感じます。

第四点は、安倍氏ほどの要人であれば、なぜ防弾チョッキの類を身につけさせられていなかったのか、です。

アメリカの現職大統領ではないにせよ、いまの日本ではもっとも標的にされやすい重みを持った人物が安倍晋三氏でした。現実に攻撃されるという想定がまったくなかったように思えます。

以上、ざっと考えただけでも、警備や警護に重大なミスがあったことは明白です。こんな不備によって日本の貴重なリーダーが亡くなってしまったことの無念さは胸を圧するものがあります。

日本の反安倍

しかも安倍氏を殺すという残忍きわまる犯罪の非人道性はあまりに明白なのに、警察当局も、主要メディアも、暗殺者の殺戮の動機なるものに問題の重点をシフトさせているようにさえみえます。主要メディアも捜査当局も、もっぱら暗殺者の心情の解明に努めているようにみえるのです。その過程では韓国に本拠をおく宗教団体の「旧統一教会」に非をなすろうとする。殺戮者の母親とその団体との異様なかかわりを殺人の動機のように提示する。そんな印象を受けるのです。

つまり殺された安倍氏よりも、殺した犯人のほうにより多くの同情や理解を向けるという姿勢がにじんでいるのです。

だがどんな動機があったにせよ、殺人が正当化されるはずがない。しかし当面の捜査の焦点はその宗教団体への容疑者の心情に絞られたかのようでした。殺人はいかなる場合でも許されないという文明社会の大原則が忘れ去られるかにさえみえたのです。

安倍氏の暗殺は「暴力が民主主義に戦いを挑んだ」とする論評も多く見られました。民主主義への挑戦、民主主義の否定がこの暗殺事件だと断じる見解です。

だが容疑者のこれまでの取り調べでは、日本の民主主義を崩すために安倍氏を狙撃したというような動機はまったく浮かんでいません。

さて安倍晋三氏に対する政治的批判はとくに日本国内で強かったことにはすでに触れてきました。彼の死後の国葬に対して反対する声が日本国内で起きた点だけをみても、安倍氏への敵対勢力、反対勢力は確実に存在したことがわかります。だから安倍氏の業績の総合的な評価はなかなか判定が難しいという面もあるでしょう。

この点、アメリカはじめ他の自由民主主義の諸国では安倍氏の政治的な実績への評価は手放しの賞賛がほぼすべてであるようにみえます。日本国内での反応とは大きく異なっています。

では日本ではなぜ安倍晋三氏が目指した国のあり方に反対する声が強かったのでしょうか。日本国内での安倍反対派の動きは活発であり、その声は甲高いという状況は長い年月、続きました。安倍嫌い、安倍叩きを売り物にするような自称、他称の知識人、言論人というのも珍しくありませんでした。

たとえば2015年には法政大学の山口二郎教授が公開の場で以下のような言葉での安倍攻撃をしました。

「安倍に言いたい。お前は人間じゃない！　たたき斬ってやる！」

実際に暴力をふるうわけではないのでしょうが、法治国家では許されない暴言です。しかしそんな暴言を吐いても相手が安倍氏であれば、世間一般はそれほど非難も糾弾もしない。主要メディアはもっと寛大です。もし左派の政治家に対してだれかが同じことを述べれば、主要メディアや野党は日本国がひっくり返ったような大騒ぎをするでしょう。

この種の反安倍の思潮には戦後の日本での長い歴史があります。安倍氏の唱える日本観や国家観、さらには世界観とは正反対の主張をしてきたこの勢力はすでに少なくとも二つの巨大なミスを冒してきました。その主張が錯誤だと判明し、破綻したのです。

反国家勢力の過ち

この勢力は反国家の左翼勢力と呼んでも不正確ではないでしょう。

この勢力の第一の過ちは日本の独立のあり方への反対でした。

古い話ですが、1952年4月にサンフランシスコ対日講和条約が発効して日本がアメリカなどによる占領から独立を回復するまでのプロセスです。この講和条約について全面講和か多数講和か日本国内の意見が分かれました。

日本社会党や朝日新聞に代表される左派は、あくまで全面講和を求めると叫び続けました。ソ連圏の諸国も含めての全面講和でなければだめだと主張したのです。

同時にこの勢力は「単独講和」には絶対反対だと表明していました。この「単独講和」という言葉自体も実はゆがめられていました。ソ連圏の諸国がこの講和に入らないというだけで、実際には多数の諸国が加わる多数講和でした。しかし朝日新聞などはこの状態を「単独」と称したのです。

そして左翼勢力はソ連が加わらないうちはこの講和をボイコットせよと唱えた。ソ連は対立するアメリカ主導の対日講和には強く反対したのです。

もし日本が国内左派の主張するとおりソ連が加わるまでは講和条約に応じないという方針をとっていたら独立がずっと遅れたはずです。すると、日本はどういうことになっていたか。日本の独立は確実に遅れました。しかも独立してもたぶんにソ連寄りの国になっていました。

そんな道を求めた左翼の主張は日本の戦後の独立から復興という現実の過程からみれば、日本自身にとっての大きな誤りでした。この主張は完全に破綻しました。日本国は賢明にもそんな選択はしなかったのです。

第二の左翼の過ちは日米安保条約に対しての反対です。

日本のいわゆる左翼はこぞってこの条約、つまり日米同盟を支える条約に激しく反対しました。1960年の本格的な日米安保条約の発効への激しい反対論でした。

もし日本政府がこの反対論に屈して、日米安保の絆を切ってしまったとしたらどうなったか。日米同盟による日本の防衛を排除したら、どうなったか。

当時の左翼の唱えた非武装中立など実効がなかったことは自明です。東西冷戦中に日本がソ連の影響下に入った可能性は非常に高いといえます。そのソ連は1991年に崩壊しました。その際の日本はアメリカからみれば敵国です。

日米安保条約に基づく日米同盟にいまでは共産党を除くすべての日本の政党が賛成しています。国民の同盟支持も圧倒的多数です。中国や北朝鮮の軍事挑発に対してその同盟から日本が得るアメリカ軍の強大な抑止力の効用もいまや明白です。

日本が国家として非常に大きな岐路に立ったときに、いわゆる左の人が主張することに従ったら、とんでもないことになる。左翼はとんでもないことになりうる政策論を堂々と日本国民に向かって叫んできたわけです。こういうことがあまり記録に残らないまま、多くの国民が知らんぷりをする、というのが日本の実態でもあります。

しかし安倍晋三氏はこのへんの状況をしっかりとみてきました。日本の多数講和による独立も、アメリカとの安全保障条約の締結も、安倍氏が求めた日本のあり方の基礎でした。

安倍氏がまだ生まれていない時期、政治家になっていない時期の日本にとっての二つの重大な岐路での選択でしたが、政治家としての安倍氏が実現を目指した「自由民主主義陣営での日米同盟に基づく日本の安全保障」という路線の出発点でもあったのです。

「自衛隊は悪」

戦後の日本ではなんといわれようが、日本は日本なりに、どんな場合でも憲法9条で平和を守れるのだという情緒的な主張がかなり広範にありました。その主張と一体になるのは反米思潮です。「アメリカ帝国主義への反対」という闘争的な標語を掲げ、日本はその悪の帝国とは決別すべきだ、という主張を土台とした志向、あるいは感情です。

この種の志向の典型は2023年3月に亡くなったノーベル文学賞受賞の作家、大江健三郎氏でした。同氏が1995年にワシントンで講演した際には以下の主張をしていました。

「日本のいまの自衛隊は軍隊であり、憲法に違反しているから、全廃しなければならない。私たち日本人は憲法順守という方向へ向けての新たな国づくりをいま始めねばならず、その過程で自衛隊を完全になくさねばならない」

「憲法の前文に『平和を愛する諸国民の公正を信頼して』とあるように、中国や朝鮮半島の人民たちと協力して、自衛隊の全廃を目指さねばならない。帝国主義に走るアメリカとの連帯には気をつけねばならない」

大江氏は年来、「防衛大学生は日本の青年の恥だ」とも繰り返し述べていました。自衛隊の前提となる日本の国家の存在を認めていないからのこんな言明でしょう。

作家の野坂昭如氏など「自衛隊は殺人集団であり、悪である」と堂々と書いていました。

こうした日本の存在自体までを否定するような言明の背景には国家や政府への不信がありま す。不信というよりは全否定ともいえるでしょう。

なぜこんな傾向が日本国民のかなりの層にアピールしたのか。

戦争の惨禍という要素も大きいでしょう。日本国民にとってはお上というか政府の指示することに従っていたら、戦争に突入し、破滅的な被害を受けたのです。だからもう政府を信用しないぞ、という心情もそれなりに理解はできます。理由があるわけです。

戦後のいわゆる無抵抗平和主義や国家否定という世界の常識からすれば極端に異端の考え方

が日本国民のほぼ多数派に広がったことの理由はもちろん他にもありました。

主要なのはこれまで何度も報告してきたようにアメリカ占領軍の施策です。単に憲法の押しつけに留まらず、戦後の教育方針、検閲方針、そして戦前の日本のやったことはすべて悪だったとする宣伝でした。日本憲法が占領軍によってすべて書かれた事実も長年、伏せられていました。

さらに大きな要因はイデオロギーでした。共産主義、社会主義へのシンパシーです。この左翼思想は日本のマスコミ、知識人と呼ばれる層の間できわめて強かったのです。

共産主義が正義だとすれば、戦前の日本も、戦後の日本も悪となります。アメリカがやることはよくない、アメリカとの同盟も悪い。この種の共産主義を大義とするような政治宣伝は大規模でした。一般国民への洗脳工作と呼べるような形で広まりました。

共産主義のソ連は平和愛好の国である。共産主義の中国も日本が学び、友好を深めるべき相手だ。ソ連や中国の核兵器は平和のためだから善だが、アメリカの核は悪だ――こんなウソ八百の宣伝が日本の主要メディアによって流されていたのです。

憲法を改正すると、日本はまた軍事大国になる。近隣諸国への侵略を始める。国内でも戦前のような人権弾圧が始まる。徴兵制も始まりかねない――こんなデマゴーグの連発でした。前述の大江健三郎、野坂昭如というような著名人の言葉はまさにこの範疇でした。

日本を共産主義国家にするという「大義」からすれば、共産主義ではない日本国は国家としての条件を保持しない弱い存在であったほうがよいのです。アメリカとの同盟もあってはならない。左翼にとっては日本は自縄自縛の半国家であったほうが都合がよいわけです。

左翼の主張を広げた朝日新聞

しかし日本の左翼がいくら国家の存在自体を否定してみても、不毛です。いまの世界ではどの人間も国家の枠からは外れられないからです。

国家とはふつうには「統治のメカニズムを持つ整序された国民共同体」と定義されます。統治権、領土、住民が最小要件です。人間の集団があって、その個々の人間が秩序なく勝手なことをしていたのでは、その共同体は機能しません。「私」のエゴを「公」の理性である程度抑えるという発想が国家です。その国家は民主主義であれば、あくまで国民が主体となります。

しかし戦後の日本ではその国家を悪しき存在としてみたり、否定する傾向が強かったのです。

その理由を私が尊敬した思想史や社会主義の歴史の研究で知られる東京都立大学名誉教授の関嘉彦氏は1980年代に以下のようにあげていました。

・戦前、戦中の国家の命令に従った末の戦争で国を滅ぼした惨状からの国家への反発。
・国家をブルジョアのプロレタリア弾圧の道具と断じて排するマルクス主義の国家観の影響。
・共産党と社会党とそれに連なる左傾マスコミの政治戦術としての「国家は悪」とするプロ

パガンダの影響。

安倍晋三氏はまさにこの種の左翼の宣伝と正面から戦ったわけです。「民主主義でさえあれば国家と国民は一体だ」という思想を堂々と掲げ続けたのです。

一方、この種の左翼の主張を長い年月、一貫して集約し、国民に広げていたのが朝日新聞でした。講和条約でも日米安保条約でも当時の日本政府の方針とは反対の主張を強く打ち出していました。

だから朝日新聞はとくに激しく安倍叩きを続けていました。国家否定や反米や現憲法死守の平和主義を唱えてきた側からすれば、安倍氏の主張の受け入れは、自分たちの主張が根本から誤っていたことの自認となってしまうからでしょう。自分たちの全否定にもつながります。

戦後の政治家のなかでも左翼思想の誤りや非現実性を安倍氏ほど明確な表現と論旨で論破し、否定した人物はいなかったといえます。

だからこそ左翼、左傾の側は安倍氏の言動を危険思想だとか軍国主義だとして必死に否定せざるをえなかったのでしょう。さもなければ、自分たちの長年の言動がすべて水泡に帰すという災禍となるのです。

「安倍をたたき斬ってやる！」と叫ぶ心境もわからなくはありません。

安倍氏に対しては「右翼」「タカ派」「ナショナリスト」「軍国主義者」「保守反動」といった言葉がののしりとして浴びせられました。

安倍氏の遺言

ただしこの「反安倍晋三の政治構造」の分析で気をつけねばならないのは、戦後の日本を総括すれば、日本という国は結局は安倍氏が目指した方向へと着実に動いてきたという事実です。日本国民の多数派は、そして国民の代表である日本の歴代政府は安倍氏が心血を注いで努力した「普通の国としての日本」という路線を支持したのです。そして少しずつにせよ、着実に実現していったのです。つまり「異端の国の日本」という路線の保持は大幅に減ってしまったのです。

ただし「異端」はまだ残っています。その代表例はいまの日本国憲法です。何度も述べてきたように、現行憲法は日本の国の防衛を禁止に近いほど制限しているのです。この状態は国際的にみて異様、異端としか表現できません。

私は40年余にわたる安倍晋三氏との交流で期せずして安倍氏が悲劇の死を迎える直前ともいえる時期に一対一で、しかも長い時間、話しあいをする機会を得ました。私にとっては安倍晋三氏から直接に聞く最後の肉声ともなりました。

本書の冒頭でも説明したように、安倍氏が日本戦略研究フォーラムという民間研究機関の最高顧問に就任したのを機に、その同じ機関の顧問を務めていた私がその機関を代表する形で安倍氏の意見をじっくりと聞くという趣旨でした。

すでに述べたようにこの会見は当初は日本戦略研究フォーラムの屋山太郎会長が主体となり、私は補佐の形で参加する予定でした。しかし屋山氏が直前に体調を崩し、参加できず、私だけの会見となりました。

ちなみに超ベテランの政治記者、政治評論家である屋山氏も安倍晋三氏との交流は長く、安倍氏の父の晋太郎氏とも親密な仲でした。

この会見は2022年4月27日、衆議院第一議員会館の1212号室の安倍氏の議員事務所で行われました。思えば、安倍氏が暗殺される同年7月8日の2ヵ月ちょっと前でした。前述のように安倍氏の側からこの話しあいは、会見とかインタビューではなく対談にしようと提案してくれました。

この対談の内容は産経新聞社発行の月刊雑誌『正論』2022年7月号に掲載されました。その雑誌のできたのが6月1日、安倍氏暗殺のほぼ1ヵ月前でした。一対一の長い対談としては安倍氏にとって最後だったようです。対談の場には『正論』の田北真樹子編集長も同席し、安倍氏と私が自由に意見を交換するのを静聴してくれました。

この対談でも安倍氏はアメリカとの関係や国際的な課題を中心に話を進めました。

ではその全体をときおり私の解説を入れながら紹介していきます。安倍氏の最後の言葉という意味です。

「自由で開かれたインド太平洋戦略」

古森義久　安倍元総理は昨年末に「日本戦略研究フォーラム」の最高顧問に就任されました。私も顧問を務める同フォーラムは日本の安全保障や防衛に関する活動が主体ですが、基本は日本の国のあり方を考える場です。同フォーラム会長の屋山太郎氏は、安倍さんの二〇〇七年のインド国会での「二つの海の交わり」の演説をはじめとする地球儀の見方を「安倍哲学」と表現しました。改めて「二つの海の交わり」演説の経緯を教えてください。

安倍晋三　小泉政権の最後一年間を官房長官として小泉純一郎総理を支える立場でしたが、小泉総理の靖国参拝などで日中は大変緊張した関係になっていました。さらに小泉総理の日本の国連安全保障理事会常任理事国入りを目指す努力に対して中国では日本の企業や飲食店への襲撃が起きたのです。

古森　あれは官製デモでした。中国政府が学生やその他の団体を動員してのやらせでした。

安倍　そうですね。当時、私は自民党総裁候補として日中関係、日韓関係をどうするのかという質問を頻繁に受けていましたが、日中については、二国間関係だけをみる視野狭窄的な外交ではなく、地域あるいは地球儀全体を俯瞰し、どう関係を改善していくかを考えるべきだ、と答えていました。例えば中国と同じ人口を擁するインドは自由民主主義、人権や法の支配といった基本的価値観を共有する国であり、日本との間に歴史問題は存在しない。その日印関係の前進は日中関係にも影響し、日米同盟の強化は日中関係、日韓関係にも影響すると考え、複合的な外交を進めるべきだと判断しました。その認識から日米豪印の四カ国の議論の場を設けようと提案したのです。これが「クアッド（日米豪印）」の原型でした。その後、国際評論サイトにその原型を発展させた「アジアの民主主義的安全保障ダイヤモンド」と題する英語の論文を寄稿しました。二〇〇六年に総理大臣に就任した段階で、四カ国の政治的、安全保障上の枠組みを作れないかと考え、当時のブッシュ（米）、ハワード（豪）、シン（印）の各首脳に働きかけ、翌年はインド国会で「二つの交わる海」の講演を行いました。それまでの「アジア太平洋」という考え方から「インド太平洋」という地政学的概念の重要性を提案したのです。

古森　日本の指導者の発案がこのように普遍的となる実例は珍しいです。

安倍　第一次政権の時には残念ながら、日米豪印の枠組みは、北朝鮮の核開発問題をめぐる六者協議があったことから、米国のライス国務長官が慎重でした。シン首相も非同盟というインドの伝統からか慎重だった。ハワード首相が積極的だったのでなんとか局長級の会議は開催できたが、福田康夫政権になると止まってしまった。私の第二次政権で再びクアッド、インド太平洋構想に向けて進んでいく中で、二〇一六年にケニア・ナイロビで開かれたアフリカ開発会議（ＴＩＣＡＤ）で正式に「自由で開かれたインド太平洋戦略」として発表しました。米国はトランプ政権が「太平洋軍」を「インド太平洋軍」に名称を変え、その構想を取り入れた。私が二〇二〇年に米国から勲章「レジオン・オブ・メリット」を授与された理由の一つは「自由で開かれたインド太平洋への指導力とビジョン」でした。

核持ち込みスクープ

さてこのあたりから私は安倍氏との知己の始まりにも触れました。安倍氏からは思いもかけない詳細で具体的な反応が返ってきました。

古森　私が安倍さんに初めてお会いしたのは一九八一年頃でしたよね。

安倍　ちょうどおやじが外務大臣の時でした。

古森　外相秘書として勉強会などでもお会いしたが、その頃から変わらない世界観をお持ちのようです。その一貫性、そして日本の多数派より先を行く現実性はなにに由来するのか。

安倍　日本人は現実に対して目を見開かねばなりません。ダチョウが砂に頭を突っ込んで周りを見ないような態度、それが戦後日本の特徴だと思います。

出会った頃の古森さんは毎日新聞の記者でした。（一九八一年五月十八日毎日新聞朝刊で）ライシャワー元米駐日大使が古森さんとのインタビューで、米軍艦艇の核兵器は持ち込まれていたと証言し、大スクープとなりました。当時、外務省の中で、「古森氏は外務省の敵なのか、どうか」という議論がありました。もちろん記者だから当事者から真の発言を引き出すのは仕事だと思いますが、個人としてはどういう考え方なのかということが議論になったのです。あの時の毎日新聞はいまの毎日とかなり違うんですが（笑）、果たして古森さんのアプローチがいわば朝日新聞的なものなのかということが問われたのです。そこで私は古森さんとお会いするのですが、古森さんは、日本は現実から目を背けている、現実を知っている人が現実を提示していないことが問題だ、という考え方だと思っていました。

その後、米軍艦艇での核の持ち込みは密約だったことが明らかになるのですが、実は私も父から、「外相として一番嫌な気持ちになるのはこの答弁だった」と聞いていました。当時はほとんどの米原潜、空母に核兵器が搭載されていた。核の海上配備は装備の重要な変更にあたるから、当然、日米間の事前協議とするはずだ、だが事前に協議していないのだから核は海上でも日本領海には持ち込まれていない、というのが日本政府答弁だったのです。一方、米国は艦艇が核兵器を載せているか否かはコメントしない。だが米艦が本来、搭載する核兵器を日本寄港前にどこかに置いていくはずもない。父もそういう話をしていました。

古森　当時のライシャワー氏は日米間の核問題での虚構やウソはもう止めようと考えたようです。私は毎日新聞の先輩や同僚と合同の準備でインタビューをしたのですが、暴露的な発言を引き出す意図があったわけではありません。ライシャワー氏は日米安全保障関係のさらなる強化という目標のなかで、非核三原則の虚構はもう止めようと判断したようです。当時の私自身も日米同盟は堅持されるべきだという考えでした。日本政府の敵ではなかったですよ（笑）。

ライシャワー氏の「暴露」

この時点で安倍氏が持ち出してきたライシャワー元駐日大使の核持ち込み発言というのは説明を要するでしょう。だが安倍氏が40年も前のこうした出来事をくわしく覚えていて、適切なタイミングで提起してくるという点は驚嘆させられます。いつもそんなふうなのです。

前述のように私は1981年には毎日新聞社を休職する形でアメリカのシンクタンクのカーネギー国際平和財団に加わりました。上級研究員という立場で日米安全保障関係を研究することとなったのです。その過程で日本憲法の起草者のチャールズ・ケーディス氏にインタビューしたこともすでに述べました。

同時にアメリカの日本駐在大使を長年、務めたエドウィン・ライシャワー氏にも話を聞きました。日米同盟にからむ課題の数々について見解を尋ねたのです。

ライシャワー氏は、本来は著名なアメリカ人の日本研究学者でした。キリスト教宣教師だった父君の下で日本で生まれ育ちました。学者になってからは主にハーバード大学で研究や教育をした人です。ところが1961年に時のジョン・F・ケネディ大統領に抜擢され、日本駐在のアメリカ大使となりました。

ライシャワー氏は1966年まで5年ほども日本駐在大使を務めました。夫人は日本人、日本語も堪能、日本の文化や歴史にも深い理解を持つライシャワー大使は一般の日本国民には広く好感を持たれました。

その一方、ライシャワー氏の任期中はアメリカがベトナムに本格的な軍事介入をして、日本とアメリカの安全保障関係にも波乱が及びました。

ライシャワー氏による「核持ち込み発言」とは日本政府の非核三原則は虚構だった、つまりウソの部分があるという暴露発言だったのです。暴露というのは正確な表現ではないのですが、日本側では一般にそう受け取られました。

日本政府は1967年以来、非核三原則という方針を公式に宣言してきました。その三原則とは核兵器について①製造しない②保有しない③持ち込まない――ということです。

このうちライシャワー氏が言及したのは第三の「持ち込まない」という部分でした。この原則は日本側では核兵器を日本の領土にも領海にも配備しない、持ち込まないという意味だとして、日本の港湾や領海に入ってくるアメリカ海軍の艦艇にも核兵器は一切、搭載されていないとする立場を公式に言明してきました。その後この「持ち込まない」という表現は「持ち込ませない」と変わりました。

ところがライシャワー氏は私との質疑応答のなかで、アメリカ海軍の艦艇の多くは長年にわたり実は核兵器を搭載したまま日本の領海や港湾に入ってきているのだ、と言明したのです。この言明が事実ならば日本政府は日本国民に向かっても、対外的にも大きなウソをついてきたことになります。

ライシャワー氏の説明によれば、この虚構の原因は「持ち込み」という言葉の解釈だったというのです。

その「持ち込み」は英語ではIntroductionという言葉です。同氏の説明ではこの「イントロダクション」はアメリカ側では核兵器が日本の領土にあがる、つまり陸上に配備あるいは配置される状態だけを指し、日本の領海でのアメリカ艦艇上の核兵器の存在は含まない、ということでした。

アメリカと日本の政府はこの解釈の違いを最初から知りながら、その部分は沈黙を保ち、日本政府は、イントロダクションは領海への核兵器の持ち込みも含むという見解を公式に示していました。そして日本側は「核兵器は一切、日本の領海にも持ち込まれていない」という虚偽の言明をしていた、というのです。

ライシャワー氏は大使時代からその虚構を知っていたわけです。アメリカ政府は自国の核兵器の所在については公式にはすべてノーコメントという方針なので、日本側の虚偽の言明に対してもなにもいわない、という態度でした。しかしライシャワー氏は日米同盟の健全な強化のためには、そんな虚構はもう排すべきだという考えから「暴露」をしたようでした。

私はライシャワー氏が大使時代には直接の接触はほとんどありませんでしたが、ハーバード大学に戻ってからの彼には何度も取材で顔をあわせていました。81年のインタビューは毎日新聞政治部の先輩や同僚とも事前に打ち合わせた部分があり、そのなかでライシャワー氏のほうからこの核持ち込みの虚構について詳しく語ってくれたのです。

その元大使の発言は大ニュースですから私は毎日新聞の東京本社に詳しく知らせ、1981年5月18日付朝刊の1、2、3面を埋めつくす大きな記事となりました。国会でも熱い論議を呼びました。

説明が長くなりましたが、安倍さんはそんな過去の出来事も詳細に覚えていて、私の役割にも触れながら、話を進めてくれたのです。対談に戻ります。

「いつか限界に来る」

安倍　実は私、当選した後、衆院外務委員会で核の持ち込みについて質問しようと外務省に事前通告したら「絶対にやめてくれ」と言われました。自民党は野党でしたが、当時の佐藤さんという外務省の局長に言われたのです。日米関係に大きな悪影響を及ぼすかもしれないということで止めました。ただ、このときの発言の最後に、日本は何によって守られているのか、現実を直視しなければいけないと強調しました。最近の私の核シェアリングをめぐる発言とも共通しています。世界が、さらには日本が、どのように守られているかという現実をタブー視せずに議論しなければいけない。この点は一貫しているところです。

古森　日本の米国による核抑止の現実を理解していたわけですね。ただし一九八〇年代は核抑止の実態を認めることさえ、平和の敵のように叩かれる傾向がありましたね。四十年前には非核三原則の虚構が指摘されるだけで日本の政治が揺らいだのに、いまでは核シェアリングの議論が陽の目を浴びる。安倍さんはやはり核の現実を以前から認識していた、ということですね。

安倍　そこまで理解していたということでもないのですが、感覚として現実から目をそらしながら米国にすべてを委ねることは、いつか限界に来るとの認識を持ちました。

古森　国家に防衛が必要なのは当然です。でも日本ではその自明を語ると「右翼だ」「軍国主義者だ」と非難されました。そんなゆがんだ空気のなかで、安倍さんは国際的な常識を非日本的な直截の表現で発言し反撃を受けたわけです。

安倍　それはもう激しい反撃でした。

やはり安倍氏はこの時点でもライシャワー発言にまでさかのぼっての日本にとっての核抑止力の役割について考えていたのです。現に安倍氏は近年、アメリカの核兵器の日本側での「核シェアリング」をも考え、論じるべきだと主張していました。日本の政治家の間ではこの重大な課題をはっきり正面からとらえて、議論するというのはきわめて珍しい、安倍氏ならではの姿勢だったといえます。

古森　当時は日本に脅威を与えるソ連や中国の核についてはなにも言わず、日本を守る米国の核だけを危険視する倒錯した傾向が強かったですね。日米同盟も日本にとって危険だとする主張が強かった。でもいまはそんな主張の勢力は後退した。安倍さんの現実的な認識には以前から確信があったわけでしょう。若き時代を振り返ると、そのへんの知識のベースはどこにあったと思いますか。

安倍　私の幼少期の原点は、安保闘争で私邸を十重二十重にデモ隊に取り囲まれた時の祖父、岸信介の姿です。祖父は悠然としていたのです。南平台の家に「岸を倒せ、岸辞めろ」とシュプレヒコールが聞こえてくるんです。すでに知られた話ですが、子供ながらに私と兄が「安保反対！」と口真似をすると、祖父が笑いながらそれを見ていました。そして祖父には、自分のやっていることが正しいという圧倒的な確信があったことを、物事がわかる年代になって感じました。

私は米国の大学で勉強して、神戸製鋼に入社した当時、日米間には貿易摩擦があり、日本の「安保タダ乗り論」が浮上しました。日本経済は急成長中で、トヨタの車がどんどん米国に輸出され、米国自動車業界が不況になる。米国ではトヨタ車が叩き壊される反発までありました。

古森　私もその時期、ワシントンにいて、米国の議会やメディアで「日本は防衛を米国に押しつけ、経済の膨張で米国を苦しめる」という非難が連日、噴出するのを目撃していました。

安倍　このままでは日米同盟は難しくなってくるとの印象を持ちました。その後、私は国会議員になりましたが、二世議員で父親の地盤もあり、選挙では圧倒的に優位でした。だから広い国益を考えて、普通なら発言しにくいことも主張しようと思いました。目先の票にならないと言われる外交や安全保障についても取り組んでいこうと当選時に決意したのです。教科書問題や拉致問題など、まったく地元の票とは関係ない分野にまい進していくことになるわけですが（笑）。

叩かれるほど燃えてくる

安倍氏の人生、とくに政治生活においてはやはりアメリカという存在が大きかったわけです。その意味は少なくとも二つありました。一つは個人の教育や職業でも若いころからアメリカとの接触は多かったということでしょう。

もう一つはさらに幼少のころから、岸信介氏の孫だったという家族環境のために、日米安保条約についてはいやでも考えさせられ、その条約の相手のアメリカについてもいろいろと知るようになっていたという点です。この家族環境は日本社会でも普通ではありません。

安倍氏にとってはアメリカとの関係は幼いころから自然と考えさせられる、という状況だったといえます。

古森　二〇〇〇年に、いわゆる慰安婦で日本を裁くと称する模擬裁判「女性国際戦犯法廷」が東京で開かれました。反日国際連帯勢力が主体でした。その時に安倍さんと中川昭一さんがＮＨＫのこのイベントを扱った報道に介入したと朝日新聞などが不正確に報じました。これが米国の一部にも火をつけ、左翼の日本研究者らが、ニューヨーク・タイムズ紙などを使って「危険なナショナリストだ」ということが言われました。日米連帯の安倍叩きがひどかったわけですが、安倍さんはへっちゃらだったように見えましたが。

安倍　私は叩かれれば叩かれるほど燃えてくるタイプなんで（笑）。スイッチが入るんですよ。私は子供の時からあまりスイッチが入らず、ボーッとしていたんだけど、スイッチが入ると一生懸命になるんです。だからスイッチを入れてくれる人たちには感謝しなければなりません（笑）。

若い議員に、「マスコミとうまくつきあうことも必要だが、私は当選二、三回生の時から朝日新聞の社説で批判されてきた。でも、私は言い続け、戦い続ける。君たちも戦え、朝日と戦っても俺は総理大臣になったんだから」（笑）と言ったことがあるんです。相手の誤解を解く必要はあるが、批判されたからといって自分の発言をぶれさせる必要はまったくないと思っていました。正しいことを言っているという確信がありましたから。

古森　ぶれない、というのはその通りですね。私は安倍さんが最初に総理になった二〇〇六年九月にニューヨーク・タイムズから依頼され、自分なりの安倍晋三論を寄稿したことがあります。当時、米側での安倍叩きが激しく、その流行に乗っていた同紙も叩かない側の主張も少しは紹介しようと考えたのでしょう。私は安倍氏が戦後の民主主義思想で育った日米同盟堅持論者だという趣旨を書きました。日本をバランスのとれた普通の国にしたいだけで、軍国主義などという要素はない、とも解説した。「だれがシンゾー・アベを恐れるのか」という見出しの大きな記事として載りました。

安倍　総理になってから最初に米保守系シンクタンクのハドソン研究所でスピーチしましたが、挑戦的に「右翼の軍国主義者と呼びたければどうぞ」と言いました。

このあたりの安倍氏の発言は彼の戦うという一面、強さの一面を示したといえます。そして2000年の東京での国際模擬裁判というのも安倍氏の戦い、そしてアメリカとの関係を眺める際には重要な出来事でした。

この裁判に関するその後の展開が安倍氏の日本側での一部メディアからの攻撃、さらにはその攻撃と結びついたアメリカ側の一部勢力からの誹謗へとつながっていったのです。

言論界は発言の責任を取らない

安倍　他の機会には「Japan is back」と呼びかけ、日本は米国と普遍的価値を共有して共によりよい世界を作っていくというメッセージを出し続けました。私への誤解が日本への誤解になってはいけないという認識がありました。

米国議会の上下両院合同会議で演説した時も、日米は共に戦ってきた、というメッセージを強調した。最初に祖父の岸信介のかつての下院での演説の「民主主義陣営の一員として戦っていくことを決意した」という言葉を紹介しました。そして日米が冷戦を共に戦って勝利した、日本は米国の戦友だった、と力説しました。その結果は米国議員たちからのスタンディングオベーションでした。

古森　安倍さんは間違った主張をぶつけていた相手の主張が本当に間違っていたと証明されても、「あなたの主張は違ったじゃないか」と追い詰めないですね。たとえば平和安保法制で徴兵制や戦争を始めるという主張などです。僕だったらその間違った発言の主の名前をあげて、「ウソだったじゃないか」と批判したくなるけれど、安倍さんはそういうことをしませんね。

安倍　たまにします（笑）。日本の場合は言論界もアカデミズムも、まったく間違った発言をしても責任を取らないんです。例えば、安全保障法制の審議の時、反対派は日本が集団的自衛権を行使できるのであれば戦争に巻き込まれると言っていました。今回、ウクライナ戦争ではウクライナが北大西洋条約機構（NATO）に入っていたらセーフだったわけです。バルト三国のようにウクライナよりはるかに小さい国もNATO加盟国として集団的自衛権により安全を守られている、ロシアが指一本触れられない。いままでNATOに加盟しないと言っていたフィンランドやスウェーデンも加盟を希望するようになった。つまり集団的自衛権を行使しうる輪の中に入れば安全だということなんです。戦争にならない。つまり、結果はまったく逆だったわけです。それが今回は明らかになりました。

日米同盟があると日本はアメリカの戦争に巻き込まれるので危険だ、というのは日米安保条約に反対する勢力の決まり文句でした。

しかし最初の安保条約ができて70年以上が過ぎても、そんな巻き込まれは起きなかった、ということです。

むしろ逆に日本を攻撃することはアメリカを攻撃するに等しいという状況がそんな潜在的攻撃側にアメリカを敵として戦争をすることへのためらいを生む、という抑止効果が証明されたと、安倍氏は説くのでした。だから日米安保に反対する左翼側は間違っていたというわけです。

憲法の作成過程に大きな問題がある

古森　今ほど彼らの間違いが赤裸々に証明されたことはないと思います。安倍さんが「ほらみたことか！」という反応をあまりみせないのは、育ちのせいですかね。

安倍　この機会だから言いますが（笑）、ご承知のように安保法制の審議の時に反対派は「徴兵制が始まる」と言っていました。笑止千万です。特定秘密保護法案審議の時は「映画が作れなくなる」と言った映画監督もいた。朝日新聞の特徴は、さすがに自分では恥ずかしくて言えないことを識者に言わせるんです。自分の新聞を紙のワイドショーにするわけです。じゃあ、特定秘密保護法の成立後、作成されなかった映画が一本でもあるのか、ということですよ。少なくとも誰かが「私たちは間違っていました」と言うべきでしょう。

マスコミが萎縮すると主張する人たちがいましたが、「萎縮していたのか？」と言いたい。マスコミがそういうことを言うというのは、誇りがないのだと思います。予算委員会で「マスコミは安倍政権下で委縮しているという主張があるが」という質問がよくありましたが、「帰りに駅のスタンドで日刊ゲンダイを買ってみなさい」と言いたかったです（笑）。

古森　これからメディアを目指す若い世代になにか助言や警告はありますか。

安倍　メディアはいかにファクトに近づくかという努力をし、それを報道するという姿勢でなければならない。決してメディア自体が運動体になってはいけないということですね。

古森　安倍総理のもとでは憲法改正はさせないと堂々と主張していた政党がありました。

安倍　やけに子供じみた幼稚な議論で驚きました。これは立憲民主党前代表の枝野幸男さんらの主張でしたが、どういう論理で言っているのかわからない。同じ改正を別の人物のもとであればいいのか。国民のことは考えずに、自分の人の好き嫌いを優先して判断するんですかね。

さあ、憲法問題になりました。憲法が話題となると、安倍氏もまた一段と身を乗り出すように、語調にも真剣さを増してきました。

古森　安倍さんが総理大臣の時になぜ憲法改正はできなかったのでしょうか。

安倍　私が総理の時、衆議院の議席の三分の二をとっていたとの誤解があります。自民党で三分の二だったら発議できますが、衆参共に三分の二でなければならないんです。残念ながら自民党単独で三分の二はなかったわけです。公明党とあわせて三分の二です。ですから、公明党が賛成しない限り発議はできないのです。しかし自民党も総裁が確固たる決意と覚悟で、自分の意思を党に示さない限り、前に進みません。

古森　私はかつて、ＧＨＱの日本国憲法草案作成の実務責任者チャールズ・ケーディス氏に長時間インタビューしました。日本国憲法の最大目的はなんだったのかと問うと「憲法九条によって日本を永遠に非武装にしておくことだった」と彼は淡々と述べました。「To permanently disarm Japan（永遠に非武装にしておくこと）」と言ったのです。九条も前文も確かにその趣旨だというふうに読めます。だからそもそも主権国家の憲法ではないわけです。自国を守る手段を自ら禁止していたのだから。いまの日本の憲法論議ではこの米国の意思の産物だという、最も異様な部分の指摘が改憲派からもほとんど出てきませんね。

安倍　憲法改正しなければならないことについて、私は考え方として三点を申し上げています。一つは、現行憲法は間違いなく占領軍である米国が、昭和二十一（一九四六）年二月四日から八日ほどかけて作った。しかも二十五人の素人で、うち法曹資格を持っていたのは三人しかいなかった。日本人ではなく、占領軍が作ったのです。やはりこの作成過程に大きな問題があると言わざるを得ない。自分たちの手で憲法は作成するべきです。国民が投票によって意思を示すべきです。二つ目は時代にあわなくなった条文もある、という点です。

古森　コロナ大感染で提起された緊急事態という法制度の不在もそこに入りますね。なにしろ占領軍が七十六年前に作ったままの内容が現代の日本に合致しないのは当然です。

安倍　そうですね。もちろん九条もそうです。三つ目は、一つ目の理由と重なるのですが、自分たちの手で憲法を書き上げる精神こそが、日本の新たな時代を切り拓いていくという考え方ですね。コロナ禍で緊急事態条項が憲法に必要だという認識はだいぶん共有できたと思います。いままでは公共の福祉ということで、いろいろな権利義務の制限をしてきましたが、緊急事態下では、特別に私権の一部の制限をも憲法に書き込んでいくべきだという認識は国民の間でも広範に共有できたのではないでしょうか。世界各国で緊急事態に関する項目はありますから。

台湾有事はカバーできる

安倍氏はやはり日本憲法の起源についてもよく知っていました。私が直接に話を聞いたケーディス氏についてもその人物の当時の詳しい動向を知っていました。対談が一段落した短い休みの間に、そのケーディス氏に日本人の恋人がいて、後に同氏が離婚したという報を聞き、その女性がニューヨークにまで行って、再会したが、その恋は実らなかった、というようなエピソードまで安倍氏は笑いながら語ってくれました。

古森　日米安全保障条約は、米国が各国と結ぶ二国間安保条約でも異端です。双務性が欠けている。自衛隊は日本の領土領海に攻撃がなければ動けない。韓国、オーストラリア、ニュージーランド、フィリピンなど米国がアジア太平洋で保つ二国間安保条約はみな、米国艦艇などが太平洋地域のどこででも攻撃を受けたときは同盟相手への攻撃とみなし、米国を軍事支援する。だが日本はそうではない。憲法のせいでしょう。平和安保法制により集団的自衛権が限定的に日本領土以外でも行使できるようになった。ただしそこには国家の存立など条件がつく。米国との自動的な集団防衛とはなりません。台湾有事はどうでしょうか。

安倍　台湾有事はカバーできます。台湾有事は安保法制上、重要影響事態になりますよね。日本はその段階で米国の後方支援ができます。その段階で米艦艇に攻撃があった時は存立危機事態となる可能性は高い。米国の艦艇を近傍で支援している日本の艦艇が支援しないということは日本の存立に重大な影響を与えますよ。そしたら、存立危機事態になるので集団的自衛権の行使は可能となるのではないかと思います。

古森　朝鮮半島での戦闘もカバーできますか。

安倍　それは重要影響事態です。米国がそれ以上の集団的自衛権の行使を求めることはないと思います。米軍は世界最強の軍隊ですから。実際、日本側は集団的自衛権の行使ではありませんが、米艦防護という任務を果たせるようになりました。米国の航空母艦などを日本のイージス艦等が防護する、あるいは米国の戦闘機を日本の戦闘機が護衛することは日常的な任務として行われています。かつてなかったことで、相当大きな変化です。

安倍氏はこのあたりでは平和安全法制の効用をさらに熱をこめて強調しました。万が一、日本周辺で戦争が起きた場合、日本の領土や領海への攻撃がなくても、自衛隊とアメリカ軍の共同行動はとれるというのです。

しかし率直にいって、私は平和安全法制にはなお日本の集団自衛権の行使についての前提条件、あるいは付帯条件が付けられていて、いざという際にそのハードルを越えることはそう簡単ではない、と思っています。しかしこの法制を作った総理大臣の安倍氏が大丈夫だというのだから、そこはその言葉を信じることにしました。

憲法9条と財政法第4条

安倍　憲法前文の問題は残ります。「平和を愛する諸国民の公正と信義に信頼して、われらの安全と生存を保持しようと決意した」とある。これは敗戦国の詫び証文です。結局、日本をカルタゴにしようとしたのではないか。ローマ帝国はカルタゴの交戦権を奪い、戦えないようにしました。

古森　その点はケーディス氏の言と一致します。日本を軍事力のない国に永遠にしておこうという意図だったのですから。

安倍　カルタゴはその後、滅びていきます。この日本国憲法前文も、すべてを戦勝国に身を任せるという意図だったと思います。そもそも日本の指導者や政治家は、世界がどうあるべきか、ということを論じたことがほとんどありません。ルール作りも外国にお任せしてきた。私はそれを戦後レジームだと考えた。そこでルール作りについては、環太平洋戦略的経済連携協定（ＴＰＰ）にしろ、日・ＥＵの経済連携協定（ＥＰＡ）にしろ、日本がルールを作る。同時に自由で開かれたインド太平洋構想という大きな構想を日本が提示する。憲法前文のように、世界に決めていただいて、その中で優等生を演じるという役割から、日本こそが特にアジアでリーダーシップを果たすということを宣言しようと考えて、自由で開かれたインド太平洋構想を発表したのです。

古森　憲法草案が作成された一九四六年二月というと、米国にとって日本は前年八月まで戦争をやっていた相手で、日本の軍事力の印象はなお強烈だったわけです。

安倍　よほど強烈だったと思います。日本があっという間に負けるということではなくて四年間続いた。米国でも硫黄島の戦いの当初、多少の厭戦気分もなかったわけではなかった。米国は硫黄島の勝利を大々的に広報に使ったわけですが、彼らにすれば日本を二度と自分たちに立ち向かうことのない存在にしようとしたと思います。そこが九条に込められていたということです。

この部分の安倍氏の見解は私が年来、抱いてきた認識とまったく同じでした。安倍氏がこの点で憲法前文を「世界に決めていただいた」と描写したことはとくにその通り、日本が決めたわけではない、日本を打破した国際社会の意思とそこからの押しつけなのだ、という意味の上手な比喩だと思いました。

安倍氏は戦後の日本がアメリカ軍の意向をくむ形で自国の防衛を禁ずるために自縄自縛の拘束をみずから強めていった実例をあげていきました。

安倍　例えば、財政法四条は赤字国債を発行してはいけないという主旨です。制定当時の大蔵省主計局法規課長の平井平治氏が「財政法逐条解説」で財政法四条について「健全財政を堅持していくと同時に、財政を通じて戦争危険の防止を狙いとしている規定である、戦争と公債がいかに密接不離の関係にあるかは、各国の歴史をひもとくまでもなく、我が国の歴史を見ても、公債なくして戦争の計画遂行の不可能であったことを考察すれば明らかである、公債のないところに戦争はないと断言し得るのである、したがって、本条はまた憲法の戦争放棄の規定を裏書保証せんとするものであるとも言い得る」と解説しています。赤字公債を絶対に防衛費にあててはいけないというのです。公債を出していなければ戦争をしていなかった、とも述べている。

古森　現実離れした議論ですね。

安倍　でもこれで大学の法学部の人たちが勉強しているんですよ。そして、平成二十八年二月の衆院本会議で共産党の宮本徹氏が、「財政法四条は、膨大な戦時国債で戦争を進め、国家財政と国民生活を破綻させた反省を踏まえたものだという認識を持っているか」と総理だった私に質問してくれたんですよ、幸い（笑）。

私は「否定するから」と事前に財務省に伝え、国会では「財政法四条は、あくまで健全財政のための財政処理の原則を規定したものであり、戦争危険の防止そのものが同条の立法趣旨であるとは考えておりません」と否定しました。よくぞ私の総理の時に聞いてくれたなと思いました（笑）。民主党政権の時だったら政府の公式解釈が異なり、危なかったでしょう。

古森　現行憲法の虚構性の例証の一つですね。大学教育を含めて日本全体が非現実な錯誤のパラダイムにはまりこんだのだと思います。

安倍　そういう人たちはいまのたうちまわっているわけです。共産党の志位和夫委員長が、急迫不正の状態になったら自衛隊に戦ってもらおうとの趣旨のことを言っていますね、憲法違反と言いながら。これこそまさに笑止な話なんですけど。

自衛隊違憲論をなくす

ここで私はあらためて憲法改正の現実の見通しについて基本的な質問をしました。どうしても明確に尋ねておかねばならない一点でした。安倍氏は明確に答えてくれました。

古森　憲法改正は実現すると思いますか。例えば、数年で。
安倍　数年で実現する可能性は出てきたと思いますね。日本維新の会もそうですし、国民民主党もそういう形になってきましたから。公明党にも理解を求めるということですね。私も九条二項を残すという現実的なアプローチをさせていただきました。「加憲」ですね。
古森　二項を残して三項を加筆することですね。でもそれで日本の戦後のゆがみはまだ是正されない気がします。
安倍　書き方は考えなくてはいけないかもしれません。

この点では私の意見は安倍氏の9条改正試案とは異なっていました。安倍氏は憲法9条の1項、2項はそのままにして、3項に自衛隊の存在を公式に認める記述をつけ加えるという案を発表してきたのです。

しかし私は9条全体の書き換え、日本にとっての自国を防衛する権利や義務を明記すべきだという意見でした。ただし国会で憲法改正を実現するという見通しの下では安倍氏の案がより容易であり、9条全体を改正することはきわめて難しいのかもしれません。

安倍　自衛隊違憲論をなくさなくてはいけないというのが私の思いです。憲法学者の多数が自衛隊が違憲だと言っています。二項削除では果たしてうまくいくかという問題もあります。
古森　これまでの憲法も憲法論議も偽善、虚構の部分があまりに多すぎたと思います。
安倍　ウクライナの現実をみて多くの国民はおかしいと感じたと思います。コロナ禍において緊急事態条項の必要論が高まったのですが、いまこそ九条についても語るべきだと思いますね。
古森　最後に一つ。「やっぱり安倍さんだ」という声を無視できないのでは。
安倍　（笑）いまは岸田政権を支えていく。これに尽きます。

安倍晋三氏との対談はこれで終わりでした。一時間半にも及ぶ長い語りあいとなりました。この語りあいで、安倍氏は硬軟自在に、自由奔放に、日本の諸課題について意見を述べてくれました。胸に響き、頭に残る言葉は多数ありました。しかしもっとも鮮烈に記憶に残ったのは対談で最後の最後に私が彼に告げた「やはり安倍さんだ」という声の指摘への彼の反応でした。

私の発言はその時点での日本国内にはなお安倍氏にもう一度、総理大臣になってほしいという声が多く、それを無視はできないでしょう、という意味でした。その言葉に対して安倍氏はなんともいえない笑みを浮かべたのです。そして、「いまは岸田政権を支えていく。全力で助けていく。これに尽きます」と答えました。

私はこの反応から勝手にせよ、この人はいざという時はまた国政のトップに就く意欲はあるなと解釈しました。しかしいまやその期待も虚しくなりました。返す返すも残念だという思いです。痛恨であります。

古森義久（こもり・よしひさ）

産経新聞ワシントン駐在客員特派員。麗澤大学特別教授。日本を代表する国際問題評論家。

1941（昭和16）年3月、東京都生まれ。63年、慶應義塾大学経済学部卒業後、米国ワシントン大学留学。毎日新聞社入社。サイゴン支局長、ワシントン特派員などを経て、87年に産経新聞社入社。ロンドン支局長、ワシントン支局長、中国総局長などを歴任し、2013年から現職。

1975年、ボーン国際記者賞、82年に日本新聞協会賞、93年に日本記者クラブ賞など受賞多数。

著書に、『中国、13の嘘』（飛鳥新社）、『米中激突と日本』『アメリカの悲劇！』（ビジネス社）、『米中開戦前夜』（共著、ビジネス社）、『米中新冷戦　偽ニュースとプロパガンダ全内幕』（共著、産経新聞出版）など多数。

アメリカはなぜ安倍晋三を賞賛したのか

令和５年11月10日　第１刷発行

著　　者　古森義久
発 行 者　赤堀正卓
発 行 所　株式会社産経新聞出版
〒100-8077 東京都千代田区大手町 1-7-2
産経新聞社８階
電話　03-3242-9930　FAX　03-3243-0573
発　　売　日本工業新聞社　電話　03-3243-0571（書籍営業）
印刷・製本　株式会社シナノ

ISBN 978-4-8191-1430-1　C0095
